텅
빈
넉
넉
함
으
로

따뜻한 혁명,
자연수행의 길

# 텅 빈 넉넉함으로

따뜻한 혁명,
자연수행의 길

다사함 김명식 지음

모시는사람들

'텅 빈 넉넉함으로'는 따뜻한 혁명을 위하여 내가 나에게 묻는 물음입니다. '어떻게 살아가겠느냐?'에 대한···. 그렇습니다. 내가 나에게 끊임없이 물어 온 바 그 물음에 대한 대꾸입니다. '텅 빈 넉넉함으로'는···.

'나만 나만'을 넘어서,

'너만 너만'을 넘어서.

우리 모두가 넉넉하게 살아가는 것은 '텅 빈나'를 올바로 세우는 데서 비롯됩니다. 우리 모두가 넉넉하게 살아가도 좋은 그 길에 막음이 되고, 짜름이 되고, 헝클어짐이 되는 모든 '나'를 비워내어야 하겠다는 것입니다. 텅 빈 나로 하여금 우리 모두가 넉넉해지는 그런 삶=살림살이로 나아갈 때, '텅 빈 넉넉함'의 나라는 보이는 듯 보이지 않은 듯이 가장 가까운 곳에서부터 펼쳐지리라 믿습니다. 텅 빈 내가 가장 넉넉함으로 차고 넘칠 때 너·나·우리는 모두가 기쁘고 즐거우며 웃음 웃는 삶=살림살이가 될 것입니다.

알차게 열매 맺게 될 것입니다.

들꽃처럼··· 피어나게 될 것입니다. 아름답게···.

내가 나에게 '어떻게 사는 것이 가장 아름다운 삶인가?'를 묻는 그 질문에 대한 대답이 바로 자연수행의 길–"따뜻한 혁명–텅 빈 넉넉함으로" 입니다.

「텅 빈 넉넉함으로」를 온몸으로 살으시면서 오래오래 함께 일해 온 하늘 그리운 사람들–가림다 한글배우미 여러분께 고마움을 드리옵니다. 또한 여러가지 어려움을 무릅쓰시고, 선뜻 한다발의 글꽃으로 묶어내신 도서출판 모시는사람들 박길수 대표, 그리고 함께 일하시는 책짓기 여러분들의 애쓰셨음에 깊은 고마움을 드립니다. 더욱이 오랫동안 「텅 빈 넉넉함으로」의 바탕매김에 꾸지람과 도움말을 아끼지 않으셨고, 사진까지도 마련해주신 한선생님께 온 고마움을 드리옵니다.

4345.2012.10.3
가림다 한글 무 술 자연수행경당(선이골)에서
다사함 두 손모음

차례

# 텅 빈 넉넉함으로
### 따뜻한 혁명, 자연수행의 길

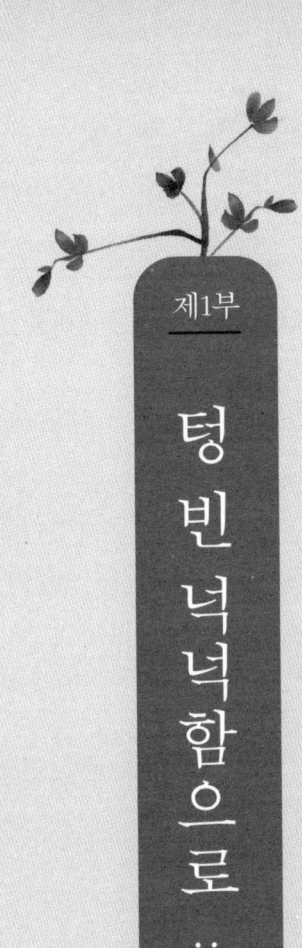

제1부

텅 빈 넉넉함으로
‥ 그 얼과 뜻

## 1. '텅 빈 넉넉함'의 얼과 뜻

「텅 빈 넉넉함」은 아름다운 얼과 넋(영혼)이 깃든 우주인 몸=한울의 힘을 뜻합니다. 이 내 몸에, 이 땅 위에, 이 자리=여기에, 바로 이제 아름다운 얼과 넋(영혼)이 꽃처럼 피어나고 열매 맺음이 텅 빈 넉넉함의 자리이고, 몸이고 삶=살림살이입니다. 텅 빈 넉넉함이야 말로 그 나라이고, 그 집이고, 그 마을의 알맹이입니다.

「텅 빈 넉넉함」은 '나만, 나만' 하는 나는 없고, 아름다운 우리나=한울나로만 살아가는 것입니다. 아름다움의 나, 아름다움의 자리, 아름다움의 때를 말합니다.

「텅 빈 넉넉함」은 한울님이 나로 피어나는 그때, 그곳, 그 일, 그 삶, 그 살림살이입니다. 참된 것만이 살아 움직이는 곳·때·일−삶(살림살이)입니다. 모두 다 참빛(참으로 빛나는)으로 빛나는, 살아 움직이는 웃음의 자리·때·일·삶(살림살이)이 「텅 빈 넉넉함」입니다. 마음에 아픔이나 쓰라림으로 새겨 둘 것 아무것도 없는, 마음속에 지녀 둘 것 하나도 없는, 아무런 탓도 없는, 아무런 탈도 없는, 새겨 두고 헤아려 둘 것조차 없는, 온몸 다 씻어내어 아무것도 남겨 두지 않은 새로운 몸이야말로 텅 빈 살림살이입니다. 맞싸울 것(원수, 적)도 없는, 모든 이웃이 바로 나인 텅 빔, 그 살림살이를 다함으로써 모든 몸들이 한울=우주로 꽃 피어나고 열매 맺게 되는 살림살이야말로 텅 빈 넉넉함입니다.

우리 모두가 종교·이념·사상·철학·국가·민족·정치·경제·사회·문화·문명·살갗(피부)의 빛깔(색깔)을 넘어서서 텅 빈 한 몸으로 넉넉하게 됨(자연-제물, 우주)을 바라고, 그렇게 살아감이야말로 텅 빈 넉넉함인 살림살이입니다. '텅 빈'은 '나'를 '우리'로 하는 것입니다. '나'를 한울-우주로 하는 것입니다. 그리하여 우리나, 한울나=우주나로 거듭남=새로남입니다.

「제물*(자연) 삶=살림살이」는 "텅 빈 나를 배운다, 나를 기른다, 아무것도 없는 나, 넉넉함의 제물(자연)을 배운다"는 뜻입니다.

「텅 빈 나」는 "제물(자연)을 배운다, 제물(자연)이 된다"입니다. 제물(자연)이야말로 텅 빈 넉넉함입니다. 텅 빈 나는 헛된 내가 있지 않은 하늘나로, 따앙나로, 사람다운 사람인 나로 살아 있음을 말합니다.

「넉넉함」은 하늘이 텅 비어 있으면서도 넉넉하듯이, 따앙으로 사람으로 가득 차 있듯이, 따앙이 텅 비어 있으면서도 하늘로 사람으로 넘치게 가득 차 있듯이, 사람다운 사람이 텅 비어 있으면서도

---

\* 제물–자연을 순우리말 우리글로 '제물'이라고 합니다.
다사함(金明植), '나랏말쏘미 가림다 한글'(1675-1.2 참조), 홍익재 2011.

하늘로 따앙으로 사람으로 가득 차 있듯이 넉넉하다는 것입니다.

「제물(자연)」은 우주=한울삶의 꼴(틀)로서 풀·나무가 제물이고 가람과 바다가 제물이고, 짐승과 벌레가 똑같은 제물입니다.

「텅 빈 넉넉함」은 제물인 나로 거듭나자는 말씀이며, 한울인 나=우주인 나 스스로 새롭게 지어내자는 뜻입니다.

「텅 빈」은 하늘이 되는 삶입니다. 하늘이 되는 삶은 우리 몸(눈·코·귀·입·손·발·얼·뜻·느낌·이성·정신·영혼…)과 모든 몸(너·나·우리)을 '한울님'으로 모시는 살림살이입니다.

「넉넉함」은 우리 몸을 바로 한울님으로 가득 넘치게 하는 살림살이입니다.

「텅 빈 넉넉함」은 우리들에게 모든 인간중심주의를 넘어서 자연=제물의 품 안에서 제물 그대로 함께 살아가는, 더불어 살 수 있는 한울 중심=자연중심적인=우주 중심적인 삶의 뜻과 얼입니다.

「텅 빈」은 몬(물)뿐만 아니라, 인간중심주의의 정신(얼), 느낌(감정), 영성이나 이성까지도 텅 비게 하는 한울=우주 중심의 제자리의 몸 상태, 맨 처음=비롯음의 몸입니다.

「텅 빈」은 넉넉함으로 이끌어 주시는 길잡이입니다.

「텅 빈」은 "깨끗하다. 아무 것도 섞여 있지 않다. 맑고 밝다. 섞이어 있지 않다. 징그럽지 않다. 더러운 빛깔이나 내음을 풍기지 않는다. 단순하다. 한가하다. 여유롭다. 어디에도 묶여 있지 않다. 종속·노예 상태에 빠져 있지 않다." 뜻을 가진, 풀려 있는 아름다움입니다.

「텅 빈」은 "하늘이 내려주신 바 그대로, 그냥, 그처럼, 그토록, 그
저, 그답게, 그되게, 그렇게 살아가는 '몸-나'인 「ㄱ*」 상태"를 말
합니다.

「텅 빈」은 "내가 너를 구속하지 않은, 내가 너에 의하여 속박당
하지 않은, 자유함=창조함=조화로움의 '나'"를 말합니다. 인간중
심주의적인 말이나 생각, 이성이나 감성·영성·정치·경제·종교·
과학·이념·민족·유행 따위의 문화와 문명으로부터 벗어난 한울=
우주 중심의 '투명함'의 살림살이를 말합니다.

「텅 빈」은 모든 살림살이에서 자급자족의 상태, 풀과 나무와 같
은 제물살림살이의 경지에 이른 것을 말합니다.

모든 너는 나이고 우리이니, 텅 빈 넉넉함은 "한몸짓기살림살이
(The onecarnation living way)"의 얼과 뜻이요, 그 바탕=밑돌입니다.

이제 여기에 있는 나는 사람으로 태어난 다음에 끊임없이 덧씌
워진 나로 떨어져 버렸습니다. 이제 나는 어떠한 것에도 덧씌워지
지 않은 새로운 나로 태어나야 합니다.

비롯음의 나, '맨 처음의 나'가 바로 '텅 빈 넉넉함의 나'인 한울
이고 우주입니다. 「텅 빈」은 '나 아닌 나'를 모두 씻어내는, 씻어내
어 깨끗한 나·맑은 나·안과 속이 하나로 드러내 보이는 나, 그리하

---

* ㄱ(기역)의 얼과 뜻 - 하늘이 내려 주신바 그냥. 그대로, 그처럼, 그토록, 그저, 그
  답게, 그되게, 그렇게…살아가는 한울살림살이를 말합니다.

여 한울=우주로 가장 아름답게 살아가는 '나'의 비움입니다. 그리하여 넉넉함인 한울나=우주나로 거듭나고자 하는 것입니다.

「텅 빈 넉넉함인 나」는 바로 비롯음에, 맨 처음에 생겨난 하나의 씨알입니다. 이 씨알-무릇 모든 씨앗은 맨 끝인 씨알이기도 합니다.-즉, 맨 처음, 비롯음의 씨알과 맨 마지막, 맨 끝의 씨알은 똑같은 한울=우주 씨알입니다.

텅 빈 넉넉함은 넉넉한 아름다움을 드러냅니다. 넉넉한 아름다움은 우주적(cosmic) 아름다움을 뜻합니다.

텅 빈 넉넉함이 "트인 나, 열린 나, 티 없는 나, 우주인 나"로 되어 참 빛을 이루어 내는 그때에, 온누리 너·나·우리는 모두 넉넉하게 되고 가득 차고 넘치게 됩니다. 석가모니·예수(텅 빈)가 부처·그리스도(넉넉함)가 되어 살아가신 길과 같습니다. 셀 수 없이 많은 텅 빈 넉넉함으로 살아간 사람들(한울 마고·한울 환인·환웅·한울·단군·석가모니 부처·예수 그리스도)이 있었기에 우주가 되어 가고, 모든 목숨(생명체)들도 그렇게 해서 자기를 지켜 나가게 되고 지탱해 나갈 수 있게 된 것입니다.

「텅 빈 나」는 '우주로 살아 있음'의 바로 그 삶을 뜻합니다. 무소유(無所有)가 아닙니다. 우주를, 한울을 아무도 갖지 못하듯이, 못 가지듯이 나를 가지려고 해서는 아니 됩니다.

「텅 빈 나」는 내가 '우주'로 비어 있다는 뜻입니다.

「넉넉하다」도 '우주로 가득차고, 넘친다'는 뜻입니다. 소유-무소유·적·원수·사탄·죄·지옥·극락·천국이라는 개념이 아예 없음을 뜻합니다.

　살아가면서 날마다 내가 무엇을 몇 번 했느냐 하는 것도 더 말할 나위 없이 중요합니다. 그러나 단 한 번만이라도, 내 삶에서 한 행위일지라도, 한울=하나님에게 드려지는, 바쳐지는 텅 빈 행위, 텅 빈 마음가짐, 텅 빈 마음 씀씀이가 된다면, 내가 우주 닮아가는 넉넉한 살림살이=삶이 된다면, 우리는 거기에서 넘치는, 가득 차는, 넉넉한 아름다움을 맛 볼 수 있을 것입니다. '텅 빈 넉넉함' 이야말로 우주의 힘(Cosmic Energy)입니다.

　여러분들은 이제 여기에서 내 우주적 힘=하나님의 힘으로 텅 빈 넉넉함을 만끽하시기 바랍니다.

　오, 그러합니다. '텅 빈 넉넉함' 으로 사셨던 마고·환인·환웅·단군·예수·석가모니·최제우처럼 하나님의 나라, 하늘나라 사람으로 사시는 참 빛으로 '나' 를 이루면, '내' 가 '참빛' 이 되면, 넉넉함이 됩니다.

　넉=「ㄴ+ㅓ+ㄱ」이니, "땅(나)이 하늘(너)를 얻다. '나' 인 「ㄴ」(땅의 사람들이, 땅(흙)에서 낳은 것들이) '너' 인 「ㄱ」(하늘이 내려주신 바의 것, 그대로의

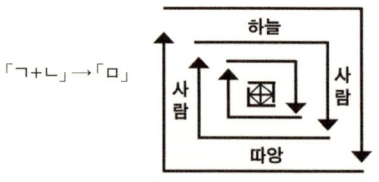

「ㄱ+ㄴ」 → 「ㅁ」

참(하늘, 따앙, 사람)을 이루다

것, 그냥의 것, 그처럼 · 그토록 · 그저 · 그답게 · 그되게 · 그렇게 된 바의 것)을 얻다."
의 뜻입니다.

「텅 빈」은 "참(넉넉함)을 얻음이니, 하늘 · 따앙 · 사람을 얻음"입니다. 「텅 빈」 그 자체가 넉넉함입니다.

「텅 빈 넉넉함」은, 내 것인 하늘을 비움으로써 한울의 하늘을 채우는 것입니다. 내 것인 따앙을 비움으로써 한울의 따앙을 채우는 것입니다. 내 것인 사람을 비움으로서 한울의 사람을 채우는 것입니다. 나를 비우고 한울나라로 채워짐이 참 넉넉함입니다.

「텅 빈 넉넉함으로 살아간다」고 함은 한 알의 씨앗이 땅(흙-세상, 온누리)에 떨어져 썩음이요, 썩어져서 30배, 60배, 100배의 넉넉함을 이루어 내는 살림살이를 뜻합니다.

씨앗으로 땅(흙속에, 온누리에, 세상에, 사람들 가운데)에 떨어짐이야말로 '텅 빈'입니다.

텅=「ㅌ+ㅓ+ㅇ」 : 「ㅌ」=트다, 트이다, 「터+ㅇ」=자리 · 곳, 「엉」=언덕, 궤, 굴, 빈 제자리를 나 · 너 · 우리 · 우주로 짓는 삶을 뜻합니다. 「ㅓ」(얻다)+「ㅇ」(나, 너, 우리, 우주)=「ㅓ」(얻다)+「ㅇ」(나, 너, 우리, 우주)이니, '엉'은 나 · 너 · 우리가 텅 빈 넉넉함인 '우주'를 얻다를 뜻합니다.

빈=비다=「ㅂ+ㅣ+다」 : "참 빛을 이루다. 참 빛으로 이루어지다. 참으로 '나'를 이루다."

「텅 빈 넉넉함」은 " '내'가 '우리' (우주)로 피어난, 열매 맺는 살림살이를 한다"는 뜻입니다. 우주인 나로 살아가는 것은 모두가 누릴 수 있는 넉넉함을 창출해 낼 수 있는 바탕입니다.

나만/뿐이 아니라 우리(모두, 다, 모든)가 함께 넉넉함으로 다 풀린 삶(自由*)을 누릴 수 있는 바탕이 다름 아닌 텅 빈 넉넉함의 길입니다.

「우주인 나」는 "내가 한울이며 내가 날줄이고 씨줄=울줄"이라는 뜻입니다. 나는 우주입니다. 나는 우주(한울)로 "한 덩어리=한몸 =하나=함께하는 나"입니다.

소유·무소유라는, 있고 없음의 꼴·틀·범위·개념이 아예 없습니다.

「텅 빈 넉넉함」은 '우주인 나'로 살아가는 길입니다.

「텅 빈 넉넉함」은 '우주' 그 자체가 되는 것을 뜻합니다.

「텅 빈 넉넉함」은 우주로 열린, 피어난, 열매 맺게 되는 살림살이입니다. 「텅 빈 넉넉함」은 우주인 나의 살림살이를 뜻합니다. 「텅 빈 넉넉함」으로 살아간다는 것은 하나하나 모든 씨앗들이 땅(흙)에 떨어져, 썩어져 꽃으로 피어나고 열매 맺으며 살아가는 우리의 살림살이 바로 그것입니다.

* 自由-自由來 , 自由去 , 萬往萬來
제 스스로 오다, 제 스스로 가다(如來, 如去-부처-佛-부다-眞如). Buddha-(불의 자리-불터-빛의 자리-불의 나라…)tathagata
tatha - 그렇게, 그와같이 – 如
gate - 가신 / 오신(님, 분) – 來, 去, 오신대로 가신 님(분) 如來如去

「텅 빈 나」는 물건이나 명예, 지위나 이름, 돈이나 권력 따위의 인간중심적인 어떤 것에도 얽매여 있지 않고 텅 빈 우주 한가운데 있는, 살아 움직이는 나를 말합니다. 들메골(野·山·谷)에서 살아가면서 아름답게 피어나는 꽃과 같은 나를 뜻합니다.

「텅 빈 나」는 우주 나=한울 나입니다. 인간중심적인 어떠한 것에도 매여=묶여 있지 않은, 한울=우주 중심적인 나로 살아가는, 스스로 자연=제물로 살아가는(自給自足) 사람을 말합니다.

「텅 빈」의 「텅」은 "트다, 트여 있다, 활짝 열려 있다"이고, 「빈」은 "비우다, 비켜서 있다, 아무것도 없다"를 뜻합니다. 인간중심적인 나는 없고 우주 중심적인 나만 있다는 말입니다. 「텅 빈 나」란 우주만·한울만 있고, 인간중심적인, 「덧씌워진 나」는 없다는 뜻입니다. 맑고 밝은, 환한, 훤하게 트인 우주=한울나만 있다는 말입니다.

「텅 빈 넉넉함」이란 무리지어 피어난 망초밭에서 나도 망초밭의 한 망초로 살아가는 것입니다. 참나무 무리에서 참나무로, 소나무 무리에서 소나무로 함께 살아가는 것입니다. 텅 빈 넉넉함은 인간중심주의에서 나아가 한울=우주 중심으로 살아가는 것입니다. 참으로 좋은 한울=우주인 나로 살아가는 것입니다.

「텅 빈 넉넉함」은 '나 없음'이 아니라, '내가 우주로 살아 있음'이요, '한울로 살아 있음'을 뜻합니다. 조 한 알이 우주로 살아가는 것입니다. 조 한 알이 한울님으로 살아가는 삶입니다.

산짐승이 나이고, 풀벌레·산새들이 나이며, 물이 나이고, 따앙이 나이며, 하늘이 나이고, 바다가 나이며, 풀나무, 가람과 새암이 또한 나인 삶이 바로 텅 빈 넉넉함으로 살아가는 살림살이입니다.

다시 말해서 한울이 나이고, 우주가 나인 살림살이입니다. '나'로 말미암아 다른 나하고 어긋남이 없는 고른 삶(평화)=살림살이를 하는 것이 바로 텅 빈 넉넉함으로 살아가는 꼴입니다.

가지지 않음(無所有)이 아니라 다온 가짐=한울가짐=우주가짐으로 살아가는 살림살이입니다. 내가 더는 가질 것이 없이 텅 비어 있는, 가득 차고 넘치는 넉넉함으로 살아가는 살림살이가 다름 아닌 텅 빈 넉넉함입니다. 내가 더는 바랄 것 없이 하늘이 내려주신 바 그대로, 그냥, 그처럼, 그토록, 그저, 그답게, 그되게, 그렇게*「ㄱ (기역)」대로의 삶이 바로 텅 빈 넉넉함으로 살아가는 삶입니다.

「텅 빈 넉넉함」은 그야말로 하늘이 내려주신 그대로 비움을 채움으로 살아 움직이게 하는 넉넉함의 길입니다. 우주=한울은 (우주=한울 안에서) 함께 살아가는 모든 몸으로 이루어지며 서로는 서로에

---

＊ 그대로 : 하늘이 내려주신 바에 더/덜 없이 어떠한 건드림이나 덧붙임 없이, 손댐 없이 살아가는 살림살이
   그냥 : 하늘이 내려주신 바 그냥=값없이 받았으니 값없이 나를 내어주는 삶=살림살이
   그처럼 : 하늘이 내려주신 바 그대로 들꽃처럼 살아가는 살림살이
   그토록 : 하늘이 내려주신 바만을 바라고 바라는 살림살이
   그저 : 하늘이 내려주신 것에 까닭 묻지 않은 살림살이
   그답게 : 하늘이 내려주신 바의 꼴대로 살아가는 살림살이
   그되게 : 하늘이 내려주신 바 그대로 됨에 따라서 살아가는 살림살이
   그렇게 : 그러하게=물이 흐르듯이=하늘이 내려주신 바를 살아가는 살림살이

게 한울이고 우주입니다. 내가 너에게 우주–한울이 되는 것이 텅 비움이고, 너가 나에게 우주=한울님이 되는 것이 넉넉함입니다. 언제, 어디서나 우리는 서로가 서로에게 텅 빈 넉넉함으로 살아 움직이는 한몸입니다. 텅 빈 넉넉함은 바로 한몸짓기살림살이입니다. 모든 몸들이 한울=우주 안에서 서로 도우며 살아가는 길이야 말로 텅 빈 넉넉함입니다. 여기서 「도운다」**는 텅 빈 넉넉함으로 살림살이하는 우주=한울의 길을 뜻합니다.

「텅 빈 넉넉함」은 내가 사는 것이 아니라 하늘을 사는 삶의 길입니다. 내가 살아 움직이는 것이 아니라 따앙이 살아 움직이게 하는 삶의 길입니다. 내가 숨 쉬는 것이 아니라 사람다운 사람의 숨을 쉬는 삶–살림살이입니다.

「텅 빈 넉넉함」은 다 믿는 믿음입니다. 다 바라는 바람입니다. 다 사랑하는 살림살이입니다. 텅 빈 넉넉함의 깊이와 높이, 넓이와 그 품은 한울의 그것입니다. 바로 우주의 텅 빔이고 한없으신 넉넉함입니다.

---

** 돕다 : 'ㄷ + ㅗ + ㅂ + 다' 로서 "모두 다 참 빛으로 엮여져 - 짜여져 - 묶여져 - 고리져 있다" 는 뜻(얼).

## 2. '우리'의 얼과 뜻을 찾아서
### —텅 빈 넉넉함의 말과 글을 바탕으로

텅 빈 넉넉함의 바탕인 「우리」*는 한울타리를 뜻합니다.

우리=한울타리의 '한울'을 뜻합니다. 우리 어머니=한울 안에서 나를 낳으신 어머니, 나를 기르신 어머니, 함께 살아가고 있는 어머니를 뜻합니다. 우리 아버지를 뜻합니다. 우리 집, 우리 밭, 우리나라…를 뜻합니다.

복수 개념인 영어 "we, our"가 아니라 한울 되시는 우리, 한울(한 우리) 되시는 어머니·아버지, 한울 되시는 집·밭·나라·마을(동네)을 뜻합니다.

우리말·우리글=한글 밑바탕에 깔려 있는 말과 글의 얼과 뜻에는 예부터(마고시대: 지금으로부터 8,000~10,000년 이전) '텅 빈 넉넉함'의 얼과 뜻이 있습니다.

---

\* 우리 : 1. 우리-짐승을 가두어 두거나 기르는 자리=곳, 돼지우리, 소우리. 2. 우리-기와를 세는 단위(한 우리는 이천 장) 3. 우리-말하는 사람이 이념과 제 동아리를 함께 일컫는 말 글이다.

| 영어 | | 한글 |
|---|---|---|
| 나의 어머니 | —— | 우리 어머니 |
| 나의 아버지 | —— | 우리 아버지 |
| 나의 집·밭 | —— | 우리집·밭 |
| 나의 나라 | —— | 우리나라 |
| my 나의 | —— | 우리(- 한울) 어머니 |
| our 우리(의) | —— | 우리(- 한울) 아버지 |

「우리」라는 말 글에서 알 수 있는 바와 같이 '나, 우리' 를 '텅 비워 내면서', 넉넉함을 드러내는 '우리' 를 씁니다. 우리(한울)안에 '내' 가 있고 또한 '우리의' 를 끌어안고 '우리' 의 넉넉함을 마냥 드러냅니다. 「우리」는 '텅 빈 넉넉함' 을 드러내는 우리말·우리글= 한글로서 울=한울=한울타리=우주를 뜻합니다.

'내' 안에 '우리' 가 있습니다. 또한 '우리' 안에 '내' 가 있습니다. 우리가 살아 있으면 나도 살아 있게 됩니다. 내가 살아 있으면 하나하나의 나인 우리가 살아 있게 됩니다. 그래서 나는 한 나=하나님입니다. 우리는 한우리=한울=한울님=한울 나로 피어나게 됩니다. 한울은 '한몸' 입니다. 우리는 한몸이고 나는 우리로 한울이고, 한울몸입니다. 우리가 '텅 빈 넉넉함으로' 살아가려고 하는 것은 모든 나를 한몸으로=한 우리로=한울로=하나된 몸으로, 텅 빈 넉넉함으로 거듭 나게(낳게) 되기를 바라기 때문입니다. '나' 는 하나하나로, 따로따로 살아가는=살아 있는 존재가 아닙니다. 모든

'나' 는 '우리' 로 함께 살아 있는 우리 나=울나=한울나=하나님입니다. 한몸=한울로 살아가는 '내' 가 있을 뿐입니다. 따로 된=홀로인=혼자인 '나' 는 결코 살아 있을 수가 없습니다.

「나」는 한울=우주로 고리지어진 '나-있음' 입니다. '나' 는 '우리' 로, 그래서 '우리 나' 로 나를 텅 비우면서 우리 나로 넉넉해지게 하는 바탕을 지니고 있습니다. '우리 나' 는 '한울나' 로, '나 우리' 가 '나 한울' 로, '우리' 도 '한울' 도 같은 한집=한몸 됨=우주(cosmos, universe)를 뜻합니다. 그래서 나=우리=한울=집=우주는 한몸입니다. 한몸짓기(onecarnation) 살림살이는 바로 텅 빈 넉넉함으로 피워내자는 것이며, 한몸 나=한몸 우리=한몸 한울=한 몸집=한몸 우주로 펼쳐 놓을 수 있는 것입니다. 「텅 빈 나」는 곧 '넉넉한 우주' 로 다시 태어날 수 있으며, 다시 태어남으로 우주적인 힘(삶)을 다 펴낼 수 있는 것입니다. 「텅 빈 나의 삶」이란 넉넉한 우주(한울)의 삶=살림살이를 뜻합니다.

제2부

제
물
(자연)
살
림
살
이

## 1. 다 풀린 제물(자연)로

「텅 빈 넉넉함」은 어느 때나 어디에도, 무엇에도 묶여 있지 않은 살림살이(제물살림살이)입니다. 제물살림살이는 내가 어떠한 제도나 구조에도 매여있지 않은 다 풀린 살람살이에서 비롯됩니다. 다 풀린 살림살이는 더 높은 것도 없고 더 낮은 것도 없으며, 더 많이 가질 것도 없고 덜 가질 것도 없는 살림살이로 넉넉함을 꽃피워 내는 것입니다. 하늘이 내려주신 바 그냥 그대로의 삶=살림살이를 온몸으로 다 이루어내는 것입니다.

다 풀린 멋있는 삶(自由, freedom, Liberty, 解放, Liberation)을 살아감으로 묶인 틀(나라, 겨레, 정치, 경제, 과학, 종교, 문화, 문명, 차별, 독재, 독점)에서 벗어날 수 있습니다. 다 풀린 멋있는 삶=살림살이는 묶인 틀에 함께 하지 않으면서 모두가 다 풀린 들꽃처럼 하나하나인 우주로 아름답게 살아갈 수 있는 길입니다.


몸
몸은 땅이고 하늘입니다.
몸은 산이고 바다입니다.

몸은 몸대로 지켜져야 합니다.
몸은 한울=우주이기 때문입니다.*

텅 빈 넉넉함으로 살아가는 제물(자연)살림살이는 제물(자연)의 몸(나)으로 살아감을 말합니다. 제물(자연)인 나의 몸은 인간중심주의=인간의 문명과 문화의 기준에 따라서 살아가는 것이 아닙니다.

1) 풀꽃 나무의 살림살이
다 풀린 제물(자연)살림살이란 들메골에 피어나는 꽃으로, 나무로 살아가는 삶을 뜻합니다. 인간이 붙여준 이름까지도 훨씬 넘어선 그냥·그대로·그처럼·그토록·그저·그답게·그되게·그렇게·제자리에서 나고 자라서 제 스스로 줄기를 세우고 가지를 뻗고 꽃 봉우리–꽃–열매–떨어짐–다시 돋음(낳음)의 자리에서 다시 제자리로 돌아 돌아 사시는 풀과 나무의 삶=살림살이야말로 텅 빈 넉넉함으로 살아가는 삶입니다.

2) 한울물이 되어 드맑게
「텅 빈 넉넉함」으로 살아가는 일은 바로 물 흐르듯이 살아가는 삶입니다. 아래로 아래로 흘러 흘러서 꼴(틀)도 남김 없이 스며 스며

* 다사함, 울림글묶음(시집), 「몸」, 평화를 만드는 사람들, 1993.

서 모든 목숨을 살려 내는 목숨(生命水)으로 살아가는 것이 바로 텅 빈 넉넉함입니다.

「물(水)」은 참한울입니다. 참 한울은 하늘과 따앙·사람(살아 숨 쉬고 있는 모든 목숨들)=생명체(生命體)를 하나되게, 함께 살아갈 수 있게, 한몸 되게 하시는 우주의 힘(The Cosmic Energy)을 뜻합니다. 바로 '물'은 우리 모두를 하나 되게 하시는 몸의 바탕인 따앙의 목숨(生命)입니다.

「물」의 「ㅁ(미음)」은 "하늘(─), 따앙(─), 사람(─)으로 가득차다. 채워져 있다"의 '참'입니다.

하늘이 내려주신 것 아닌 목숨은 없습니다.(Incarnation)

따앙이 올려 주신 것 아닌 목숨은 없습니다.(Upcarnation)

사람이 길러주신 것 아닌 목숨은 없습니다.(Onecarnation)

목말라서 물을 마실 때에는 물의 바탕을 헤아리고 고마움을 다해야 합니다(飮水思源). 슬기의 바탕이 물입니다. 좋은 물을 마심으로 슬기의 문이 열립니다. 살아 있는 물을 마셔야 살아 있는 몸이 됩니다.

하늘이 내려주시는 사람(목숨) : 빛, 비, 바람, 하늘의 힘(한울 숨)

따앙이 올려주시는 사람(목숨) : 물, 흙(따앙), 따앙의 힘

사람이 길러주시는 사람(목숨) : 사랑, 품음, 길음, 보살핌으로 살아가는 사람의 힘

모든 사람(목숨)은 한울(하늘+따앙+사람)이 내려주시고, 올려주시고, 길러 주심에 따라서 제 삶을 살아갈 수가 있습니다. 사람이 길러 주

시는 사람(목숨)–사랑, 품음, 기름(길음), 보살핌으로 살아가는 사랑
의 힘. 삶=살림살이가 텅 빈 넉넉함으로 빛나게=피어나게 되는 것
은 하늘의 것, 따앙의 것, 사람의 것으로 가득 차게 되고 넉넉하게
됨으로 이루어지는 까닭입니다.

물은 슬기로운 사람을 짓습니다. 슬기로운 사람은 제가 흘러 흘
러 모든 자리를 넉넉하게 해 주며 꼴(틀)도 없이 제자리로 스며들어
서 모든 목숨을 목숨(생명)답게 키워 냅니다.

물은 모든 목숨을 살려냅니다. 목숨의 바탕이 됩니다. 언제나 아
래로 아래로 흘러서 비탈진 곳에서는 세차게, 평평한 들녘에서는
천천히 흐르면서 큰 물(가람)을 이루고 스스로 모든 목숨에 어긋난
바를 씻고 씻어 깨끗하게 살아갈 수 있게 지어 갑니다. 착함–참됨
은 '물' 과 같습니다. 참(채움)과 흐름을 제 스스로 지어 갑니다(上善若
水 - 노자 도덕경). 물은 모든 목숨의 바탕이니(탈레스) 모든 목숨의 바탕
(地, 水, 火, 한울숨-空氣 - 아리스토텔레스)이 물인 것입니다.


## 3) 한울빛으로 빛나서

「빛」은 하늘이 주시는 목숨의 힘(Life Energy)입니다. 「빛」은 모든
목숨(生命)을 목숨답게 살아가게 하는 힘입니다. 「빛」은 밝(환함)음을
주시고 따뜻함(볕)을 주시며, 목숨을 자라나게 하는 힘을 주십니다.
「빛」은 한없는 목숨(생명 - 生命)입니다. 「빛」은 '빛깔' 의 알맹이를 주
셔서 모든 목숨(생명체)으로 하여금 빨강·주황·노랑·초록·파랑·
남색·쪽빛·보랏빛을 비롯해서 한울의 아름다움을 빛깔로 드러나

게 합니다. 그 빛깔은 우리에게서 목숨을 목숨대로 잘 살아가게 하는 조화의 몸을 이루어 나가게 합니다. 빛은 밥이고, 빛은 한울밥입니다.

### 4) 한울숨(공기) 곱게 쉬며

「한울숨」을 한자로 공기(空氣)라고 합니다. 한울숨에는 숱한 알맹이가 들어있습니다. 한울숨은 한울힘입니다. 한울힘은 하늘의 힘이고, 따앙의 힘이고, 사람다운 사람의 힘입니다. 바로 선 이=사람다운 사람의 힘입니다. 바로 선 이=사람은 한울의 힘(하늘·따앙·사람=天地人)으로 살아가는 온달이며 온선이며 온사람입니다.

한울숨을 받아 모시려면 열려 있어야 합니다. 살이 열리고, 얼이 열리고, 넋이 열려있어야 합니다. 열림이 바로 텅 빔=텅비움입니다. 열린 몸으로 한울숨을 모심이 바로 넉넉함입니다. 없다=가지지 않는다·있다=가진다의 뜻이 아니라 나의 몸이 한울몸으로 새롭게 태어남이 텅 빈 넉넉함입니다. 한울숨(힘)만으로 살아갈 때 누구나 더/덜 없이, 더/덜을 넘어서 한울의 숨(힘)으로 넉넉함만으로 차고 넘치게 된다는 것입니다. 그것이 더/덜 없는 넉넉함으로 우리로 하여금 기쁨·즐거움·사랑 넘치는 삶=살림살이를 다해 나갈 수 있게 합니다.

텅 빈 넉넉함은 더/덜 없는 넉넉함(차고 넘침)입니다.

「한울숨」은 산소, 수소, 질소 등등의 알맹이면서 산소가 주는 힘, 수소가 주는 힘, 질소가 주는 우주의 힘을 말합니다. 한울이 지닌 보이지 않은 힘(숨)은 나를 한껏 넘어서서 우리 모두를 기쁨으로 살리는, 즐거움으로 살리는, 사랑으로 살리는 더/덜 없는 넉넉함으로 제 힘을 다하게 될 것입니다. 나의 힘(숨)만으로는 할 수 있는 것이 하나도 없을 만큼 아무것도 아닌 것을 깨달아 알아야 하겠습니다. 한울숨(호气)이 맑고 깨끗하지 못하면 자본주의도, 공산·사회주의도, 종교적 이념도 더럽게 되고 드디어는 쓸모없는 데까지 떨어지고 말 것입니다. 한울힘(숨)은 제물(자연)살림살이의 가장 큰 기둥으로서, 돌봄·막음·지킴·자라나게 하는 바탕이 되는 힘(숨)입니다. 한울숨(힘)은 겉으로 드러나지 않지만, 보여지지 않지만, 우리의 힘(숨)이 되는 제물살림살이의 바탕입니다.


5) 한울땅 – 흙의 자리에서

땅-흙은 모든 목숨(생명체)이 살림살이를 하는데 있어서 없어서는 아니 되는 삶의 바탕=밑받침이고, 삶의 꼴이고 틀인 것입니다. 땅-흙은 우리의 눈으로 볼 수 있는 한울힘입니다. 땅-흙이 우리에게 주는 한울힘은 헤아릴 수 없이 많습니다. 한울힘(숨)이 보이지 않은 힘이라면 땅 흙은 보이는 삶의 힘입니다.

「땅」은 「ㄷ+ㄷ+ㅏ+ㅇ」입니다. 모두·다·모든 것·온·한(「ㄷ」)이 모두·다·모든 것·온·한(「ㄷ」)으로 하나·한몸·함께(「ㅇ」), 피어난다·열린다·된다(「ㅏ」)를 뜻합니다. 땅(따앙)의 얼과 뜻의 알맹이는 한몸으로 살아가게 하는 힘(숨)을 지니고 있다는 뜻입니다. 때문에 땅(大地)은 어머니(母-마고)로 여겨져 왔습니다. 따앙은 '어머니'로서 모든 것을 품으며 안으며 젖을 먹여서 자라나게 하며 보살펴서 주는 사랑(잘살고+잘살리는)의 몸입니다.

「땅」은 모든 것을 '한 몸'으로 이끄시는 어머니입니다. 어머니는 땅입니다. 그래서 따앙은 우리 모두를 한몸 되게 하시는 배움터이며 가르치미(교사, 선생)입니다. 따앙에서 멀어지면 한몸 됨으로부터도 멀어집니다. 한울은 곳이나 자리를 뜻하는 것이 아닙니다. 한울은 존재론적 뜻을 지니고 있지 아니합니다. 모든 몸들로 하여금 한몸을 이루어내는 창조의 힘이 따앙입니다. 땅-흙 젖이야말로 모든 목숨(생명)을 살리는 밥=먹이인 것입니다.

「흙」은 「ㅎ+ㅡ+ㄹㄱ」입니다. 「ㅎ」은 하늘·따앙·사람이 하나·한몸·함께로서 한울 그대로 쓰이고, 그렇게 된다는 것을 뜻합니다. 흙에서 나고 흙에서 살다가 흙을 통해서 하늘로 되돌아간다는 우리 어르신네들의 얼과 뜻은 바로 사람인 '선이'가 흙으로 살다가 한울 그대로(「ㄹ」) 되는 것이 가장 좋은 보람이라는 말입니다.

'흙이 된다'는 것은 하늘로·따앙으로·사람다운 사람으로 살면 한울(님) 그대로 쓰이고 그대로 된다는 뜻입니다. 흙은 모든 하나하나의 몸들을 하늘로·땅으로·사람다운 사람으로 살아가면 하늘이 내려주신 바 그대로 한울 되게 하시는 배움터이고, 가르치미(교사, 선생)입니다.

「흙」은 우리를 한울되게 하시는 가장 아름다운 길입니다. 한울로 이끄시는 이끄시미입니다. 「흙」은 한울 그대로 쓰여지며, 한울 되게 하시는 몸이요 힘입니다.

## 6) 한울씨울을 그리며

「씨울」은 목숨의 바탕입니다. 「ㅆ(짝-겹시옷)」 : 너와 나의 목숨(몸)이 하나가 되어 한몸을 이루어 한울(「ㄹ」)을 여는, 한울을 얻는, 한울로 엮어-짜여-묶여지는, 한울로 울리는, 한울이 되고 쓰이는, 그리하여 드디어는 한울의 뜻을 다 이루는 몸이며 바탕입니다.

「ㅣ(이)」 : 이루다, 이르다, 잇다, 있다, 이다(되다)

「ㅇ(이웅)」 : 나, 너, 우리, 우주, 하나, 한몸

「·(온 이)」 : ㅏ, ㅓ, ㅗ, ㅜ, ㅡ, ㅣ, ㅑ, ㅕ, ㅛ, ㅠ

「ㄹ(리울)」 : 하늘·따앙·사람이 하나로·한몸으로·함께 살아갈 수 있게 하는 우주의 힘(Cosmic Energy, Universal Energy)을 뜻합니다. 한울을 뜻합니다.

「씨울」은 한울을 드러내는=피어나게 하는=열매 맺게 하는 목숨(生命의 알맹이)-알맹이입니다.

「씨울」은 목숨의 알맹이이며, 가지이고, 잎이며, 줄기입니다. 꽃봉우리며, 꽃이고, 열매입니다. 「씨울」은 나의 목숨과 너의 목숨이 하나인 우주의 목숨으로 한울목숨으로 짜여 있음을 뜻합니다. 나의 목숨만으로는 결코 살림살이를 할 수 없습니다. 나의 목숨은 너의 목숨을 끌어 당겨서 그 목숨을 먹고 살아갑니다. '나는 너를 먹는다'에서 가진 것을 넘어서, 나의 것을 넘어서, 우리 것(너 나의 것을 짓는다)을 짓는 살림살이야말로 참사랑인 씨울입니다.


나는 너를 먹는다 - 텅 빈 나

너는 나를 먹는다 - 텅 빈 너

우리는 모두를 먹는다 - 넉넉한 우리


「씨올」은 '먹이고리' 의 도령입니다. 그리스도이며, 부처입니다. 씨올로 살아감이야말로 나를 스스로 얻을 수=건질 수 있는 '텅 빈 넉넉함' 의 길입니다. 씨올이 땅흙 속에 뿌려져 썩음(텅 비움)과 씨올의 열매(넉넉함)로 영글어서 모든 사람들에게 살림살이의 먹이로 베풀어짐으로써 모든 사람들에게 넉넉함을 펼쳐 짓는 하늘나라 열림이 바로 '텅 빈 넉넉함' 의 나라입니다.


### 7) 한울산(메)의 높이로

고요한 메(산)는 어진 사람을 지어냅니다. 어진사람은 산(메)처럼 오래 오래 제 몸을 지켜 나갑니다. 「산」은 '서다, 사다' 의 '산' 입니다. 「산」은 산으로서(메로서) 온 산입니다. 「온 산」이란 '온 대로 산' 이란 뜻입니다. 「온산」은 다 이룬 산=다 이룬 사람을 말합니다. 「산(메)」은 "참으로 하늘·땅·사람을 얻고 하늘과 땅·사람의 얼과 뜻을 다 이루다"를 뜻합니다. 「산」은 텅 빈 넉넉함으로 내 것이라는 아무것도 없는 넉넉함의 꼴(틀)입니다.

「산」은 '하늘' 로 가는 삶의 길을 말해 주고 있습니다. 「산」은 그야말로 말로는 다할 수 없는 온갖 목숨들이 살아가고 있는 모든 목숨의 집입니다. 우주=한울입니다. 「산」은 골과 짝을 '하나' 로 하는 '골짜기' 를 이루어 내며 살아갑니다. 「골」은 하늘이고 「짝」은 따앙입니다. 바로 사람은 '골과 짝'을 이루어 내는 이=사람입니다. 그래서 '골짝이'-골짜기라고 하는 것입니다. 「산」은 하나의 산과 산이음(산맥), 산줄기로 한 산을 이룹니다. 「산」은 죽은 사람이 사는 곳이 아니라 산 사람(仙人, 선이)-한울사람으로 살아가려고 하는 자리이기도 합니다. 그래서 선이-산 이로 쓰여집니다. 선이=산 이는 선 사람=산 사람=살아 있는 사람, 다산 사람=온 사람=혼 사람=한울사람을 뜻합니다. 「산」은 어진* 사람의 자리입니다.

「산」은 한울을 얻을 수 있는 자리입니다. 그리하여 드디어는 한울의 뜻을 다 이루는 자리·곳이 바로 '산'입니다. 텅 빈 넉넉함의 자리·곳이 바로 '산'입니다. 한울(온값)을 얻을 수 있고, 한울을 모실 수 있으며 한울을 지을 수 있으며, 한울의 뜻을 다 이룰 수 있는 자리·곳=산이 텅 빈 넉넉함의 자리입니다. 산 사람=선 사람=한울사람이 살아갈 수 있는 곳을 말합니다. 어진 사람들의 자리가 바로 산=메입니다.


8) 한울바다의 깊이로

「바다」는 '받다'입니다. 우주 안에 있는 물이란 물을 모두 받아서 목숨(生命)을 이루어 냅니다. 「바다=받다」는 '목숨(生命)을 받다'


---

\* '어질다'의 얼과 뜻은 「어+지+ㄹ+다」→「ㅇ+ㅓ+ㅈ+ㅣ+ㄹ+다」로 나눠 볼 수 있습니다. "내(ㅇ)가 한울(ㄹ)을 얻어 + 한울을 지고-지어 나가며 한울의 뜻을 다 이루다"를 뜻합니다.

입니다. 「물」은 목숨(생명-生命)입니다. 「한울바다」는 '한울'을 '받다' 입니다. 「한울」의 얼과 뜻은 바로 하늘·따앙·사람(天地人)을 한 몸-한울-한울타리-한집-우주로 하여 하나 하나의 '나'를 넉넉하게 해 주시는 한울 목숨입니다. 바다는 한울 목숨을 기르시는 너른 어머니의 품입니다. 바다는 해(太陽)를 받으시어 물을 덥히고 따순 몸, 한울 숨으로 온누리에 또 다른 목숨물(生命水)을 지으십니다. 목숨물(생명수)로 제 몸을 비우시며, 넉넉한 품으로 언제나 출렁이면서 모든 목숨을 자라나게 합니다.

「바다」는 「ㅂ+ㅏ+ㄷ+ㅏ」입니다.

「ㅂ(비읍)」 : 참(「ㅁ」: 하늘, 따앙, 사람으로 차다, 채우다, 넉넉하다)+빛입니다. 「참빛(「ㅂ」)」은 바로 "하늘빛, 따앙빛, 그리고 사람다운 사람의 빛을 온누리에 비추다, 빛으로 넉넉하게 하다"를 뜻합니다.

「ㄷ(디귿)」 : 모두, 다, 모든 하늘이 있고, 따앙이 있습니다. 그러나 짝으로 있어야 할 사람다운 사람이 하나만 있습니다. 「ㄷ(디귿)」의 빈자리인 사람은 도로 채워져야 할 모두입니다. '다' 입니다. '모든' 입니다. 온입니다. 혼입니다.

그래서 「바다」는 "참빛(목숨, 생명, 한울, 우주)이 열리다, 비롯되다, 그 참빛으로 모든 것, 모두 다 비롯되다"를 뜻합니다. 「바다」는 빛의 비롯음이요, 목숨의 비롯음이요, 모든 것 다의 비롯음 자리입니다. 바다야말로 텅 빈(물)+넉넉함을 드러내는 한울 몸=우주의 몸입니다. 부도(符都)요, 소도(蘇都)요, 경당(扃堂)입니다. 바다는 참빛이 살아 있는 자리-터인 것입니다. 「바다」는 사람(人間)이 가질 수 없습니다. 누구에게나 어떤 막음(경계, 국경을 넘어서)도 없이 '넉넉함' 의 누리입니다. '텅 빈 넉넉함' 인 '바다' 로 살아가는 배움자리(마음)가 참 배움터(학교)인 바다입니다. 물방울이 모인 자리가 바다입니다.


### 9) 한울사람의 넓이로

「사람」은 "살다+살리다를 이루는 사랑하는 님" 입니다. '사랑' 은 나도 잘 살고, 너도 잘 살게 하여 '우리' 모두가 잘 살아가게 하는 살림살이입니다.

「사람」은 인간(人間-Homo Sapiens - sapience)만을 뜻하는 것이 아닙니다. 사람이란 사랑하는 님으로서 나를 잘살고 너를 잘 살려서 우리 모두가 잘 살아갈 수 있게 하는, 우주 안에서 함께 살아가는 목숨 있는 모든 '몸' 을 뜻합니다. 한울사람은 사랑의 온(한) – 다(모두, 모든)입니다. 한울사람은 '살다와 살리다' 의 님입니다.

「살다와 살리다」를 몸짓(생각, 마음, 느낌, 뜻, 얼을 드러냄)으로 말할 때 사랑이라고 합니다. 한울사람은 사랑이시고 사랑은 모든 목숨을 잘 살리고 이녁(자기자신)도 잘사는 몸짓입니다. 한울사람은 온누리에 함께 살아가는 목숨(生命)을 말합니다. 사람은 소위 인간(人間)만을 말하는 것이 아니라 한울=우주로 살아가는 모든 목숨을 뜻합니다. 살다와 살리다의 몸·님(主體)을 뜻합니다. 살다와 살리다의 몸(님)이야말로 도령·부처·그리스도·메시야·구원자입니다. 참사람은 참 한울이시고, 참 구원자이며, 참도령, 참부처이고, 참그리스도, 메시아인 것입니다. 「사람」은 모두 다 한울(우주)로 살아갈 수 있

는 우주=한울의 힘(Cosmic Energy)입니다. 「사람」이 선이로 가는 사람
이라면 「선이」는 사람 다 이룬 하늘입니다.

「사람」은 「ㅅ + ㅏ + ㄹ + ㅏ + ㅁ」입니다.

「ㅅ(시옷)」: 숨, 목숨(生命), 삶–살다 + 살리다, 사랑.

「ㅏ(아)」: 열다, 열리다, 비롯하다, 비롯되다, 비롯음, 싹트다, 움
돋다, 움트다, 눈나다(내다).

「ㄹ(리을)」: 하늘, 따앙, 사람이 하나, 한몸, 함께 살아갈 수 있게
하는 우주의 힘 = 한울님.

「ㅁ(미음)」: 참(차다, 채우다) 하늘, 따앙, 사람으로 차다, 채우다.

「사람」의 얼과 뜻을 다시 말하면 이렇습니다; "사람으로 살아가
는 나는 한울을 비롯음–맨 처음의 자리로 삼고 참을 꽃피워 내는
한울–우주적 삶이야말로 참사람입니다."


## 10) 한울 선이의 꿈으로

「선이」는 선 사람–산 사람, 살아 있는 사람을 뜻합니다. 사람다
운 사람으로 다 이루어진 사람을 '선이' 라고 합니다. 「선이」는 하
늘로 선 사람, 따앙으로 선 사람, 사람답게 선 사람으로서 '한울사
람' 을 뜻합니다. 「선이」는 사람으로서 한울=우주로 살아가고 있는
'한울/우주' 바로 그 몸입니다. 그래서 「선이」는 한울=우주로 선
사람입니다. 사랑하여 한울 나를 얻어 나를 '한울 뜻' 대로 다 이룬
사람을 뜻합니다.

「선이」는 「ㅅ + ㅓ + ㄴ + ㅇ + ㅣ」입니다.

「ㅅ(시옷)」: 숨, 목숨, 삶(살다+살리다).

「ㅓ(어)」: 얻다, 받다, 품다, 모시다, 갖다(가지다).

「ㄴ(니은)」: 따앙에서 솟아나다, 태어나다, 낳다, 드러나다, 나타나다, 되다, 빛나다.

「ㅇ(이응)」: 나, 너, 우리, 하나, 우주.

「ㅣ(이)」: 이루다, 이르다, 잇다, 있다, 이다(되다).

「선이」의 얼과 뜻을 다시 말하면 이렇습니다; 선이는 산 다(산(生))이요, (살다) 참삶이란 "나를 얻다"를 뜻합니다. 살아서 숨을 쉰다는 것은 무엇보다도 나를 얻는 살림살이입니다. 그리하여 "내(너, 우리)가 다 이루어지다"를 뜻합니다.

「선이」는 나를 얻어서 나를 다 이루는 삶을 살아가는 사람입니다. 어쩌면 나를 한울(우주)로 하여 한울의 뜻을 다 이루려 하는 사람을 뜻합니다. 나를 세우고 나를 다 이룬 삶을 살아가는 사람—도령, 그리스도, 부처, 메시아, 구원자 된 사람—입니다. 내가 없는 우주=한울나로 자유함, 넉넉함=풍요함으로 살아가는 사람입니다. 내가 없는 우주=한울나로 아름다움으로 살아가는 사람입니다. 내가 없는 우주=한울나로 여유롭고 한가로이 살아가는 사람입니다.

「선이」는 인간중심적 내가 없는, 우주=한울 나로만 살아감으로 우주가 되고 한울님이 되신 사람—도령, 부처, 그리스도, 메시야, 구세주, 구원자—입니다. 온전히 스스로 '선-설 수 있는' 사람인 '선이'는 인간중심에서 이념(자기 자신)을 넘어서 제물(자연)=우주=한울 중심의 삶을 살아가는 사람입니다.

## 2. 살림살이

### 1) 고요한 제물(자연) 살림살이

고요한 살림살이는 나의 몸을 홀가분한 몸으로 홀로 더불어 함께 설 수 있게 합니다. 고요한 살림살이는 나의 몸을 하늘이 내려주신 바 그대로 바라볼 수 있게 합니다. 나의 몸과 다른 사람의 몸을 아우르게 합니다. 하늘의 소리를 들을 수 있게 합니다. 고요한 살림살이는 나를 스스로 하늘로, 따앙으로, 사람다운 사람으로 지어냅니다.

고요한 제물(자연)살림살이는 아름다운 얼과 넋(영혼)을 길러 내고, 꽃 피워 내고 열매 맺게 합니다. 아름다운 얼과 넋(영혼)은 바로 '아름답다'의 삶=살림살이에서 비롯됩니다. 꽃은 아름답습니다. 꽃은 고요롭게 피어나서 좋은 내음을 온누리에 퍼지게 하며, 온갖 빛깔을 온누리에 새겨 놓습니다.

「아름답다」는 「ㅇ+ㅏ+ㄹ+ㅡ+ㅁ+ㄷ+ㅏ+ㅂ+다」입니다. 「아름답다」는 "내(「ㅇ」)가 한울(「ㄹ」)을 살다(열다, 드러내다-「ㅏ」)." 그리하여 참되게 되며, 참으로 피어나서, 참으로 한울살림살이가 됨을 뜻합니다.

「고요하다」는 "하늘이 내려주신 바 그대로, 따앙이 낳아 주신 바 그대로, 사람다운 사람이 길러 주신 바 그대로 '하다'"입니다. 「고요하다」는 "소리 없다, 조용하다, 말이 없다(침묵)"만을 뜻하지 않습니다. 그 너머에 하늘 그대로, 따앙 그대로, 사람다운 사람의 삶=살림살이 그대로의 상태를 말합니다.

「고요하다」는 침묵=조용=질서=조화=균형=흔들림 없음 등의 뜻이 있을 뿐만 아니라, 텅 빈 넉넉함으로 요동=혼란스럽지 않으며 흔들림 없는 살림살이를 뜻합니다.

「고요하다」는 '이것이다, 저것이다'가 아닌 것, 어디에도·어느 때에도·누구에게도·무엇에도 치우침 없음을 뜻하며 하늘이 내려주신바 그대로=그 상태를 유지함을 말합니다.

「고요하다」는 안과 밖-속과 겉이 잔잔한 물밭과 같은 상태이며, 평등·평화의 그윽함을 말합니다. 크고 큰 우주 운행의 소리가 하나도 들리지 않듯이 그런 상태의 그윽한 침잠을 말합니다. 그리하여 '고요한 제물=자연살림살이'는 모두 다(「ㄷ」) 참빛(「ㅂ」)을 비추게, 빛나게 함을 뜻합니다. 고요한 제물살림살이는 우리들에게 아름다운 얼과 뜻, 넋과 꿈을 이제 여기에서 바로 이루어지게 합니다.

「고요하다」는 「ㄱ+ㅗ+ㅇ+ㅛ+ㅎ+ㅏ+다」입니다. "나를(「ㅇ」) 하늘이 내려주신 바 그대로(「ㄱ」) 엮어 내고(「ㅗ」), 하늘답게·따앙답게·사람다운 사람답게 짜고·엮고·묶고·고리 짓게 하여 모두 다 '한 울'로 드러나게 피어나게=열게(「ㅏ」)하다"입니다.

「고요하다」는 "고요한 밤, 고요한 산, 고요한 바다, 고요한 아침,

고요한 사람, 고요히 한울의 소리를 듣다, 고요히 잠들다" 따위로 쓰이는 말글로서 그윽한 한울숨의 깊이를 드러내 주는 말글입니다.

「고요한 제물(자연) 살림살이」는 바로 잠잠한 살림살이로서 제물(자연)에서만 배울 수 있고 잠잠하게 살아갈 수 있습니다. 고요한 제물의 아침과 저녁, 밤과 낮은 우리 모두를 고요하게 짓습니다.

「고요한 제물(자연) 살림살이」야말로 텅 빈 넉넉함으로 살아가는 삶입니다. 텅 빈 상태가 고요한 상태이며 텅 빈 상태가 다름 아닌 넉넉한 상태입니다. 고요한 상태를 "인간중심적인 모든 욕심을 버린 청정한 상태, 청빈한 상태"라고 비유적으로 말할 수 있습니다.

「고요한 제물(자연) 살림살이」는 지배가 없고 독점이 없으며, 억압과 탄압이 없고, 이념적 속박이 없고, 노예·예속이 설 자리가 없는, 텅 빈 넉넉함으로 모두가 다 기쁘고 즐거우며 행복과 편안·만족함을 누릴 수 있는 한울 삶의 꼴입니다.


2) 하늘 모신 살림살이

「하늘」은 한없는 값어치=목숨인 나를 가장 높여서 그러한 값어치대로 살아가는 그 몫을 말합니다. 「하늘을 모신다」 함은 나의 살·뼈·피·가죽 하나하나·나의 알갱이를=나의 몸을 가장 높은 값어치로 모신다는 말입니다.

「하늘」은 "나는 가장 아름답다. 나는 가장 멋있다. 나는 가장 깊다, 높다, 넓다. 나는 가장 이웃을 사랑한다. 내 몸과 같이. 나는 아무것도 없어도 넉넉하다. 나는 무엇보다도 값어치 있는 '나' 이다."

입니다.

　나에게, 너에게, 그리고 우리 모두에게 없어서는 아니 되는 텅 빈 넉넉함—우주로=한울로 살아감이 바로 하늘 모신 살림살이입니다. 하늘을 모시는 것은 참(「ㅁ」)을 하늘의 값어치로 해서 나의 삶(「ㅅ」)을 참(「ㅁ」)으로 엮어 가는 살림살이입니다. 나의 삶을 참된 하늘삶으로, 하늘의 참된 삶으로 살아가는 일입니다. 그리하여 내가 참이 되고, 참 하늘이 되며, 하늘의 값어치로 나를 새롭게 새롭게 지어가는 살림살이가 바로 텅 빈 아름다움, 텅 빈 자유, 텅 빈 넉넉함, 텅 빈 참, 맑고 밝은 웃음으로 살아가는 하늘삶입니다.

　하늘모심은 나를 버리는 것이 아닙니다. 나를 빼앗기는 일이 아닙니다. 나를 잃어버리는 것이 결코 아닙니다. 비롯음의 내 하늘-그 가장 값진 나를 찾는 일입니다. 나를 채우는 일입니다. 거짓 나를 비우고, 덧씌워진 나를 버리고, 잘못된-자라나지 못하게 된 나를 치우고, 나의 몸=자리=집을 하늘로 채워 놓는 일입니다. 하늘모심은 하늘 나로 새로워지는 삶입니다. 하늘은 날개입니다. 나비의 날개입니다. 새들이란 모든 새들의 날개입니다. 날개는 어떠한 무엇을 가진 것 있어서 날 수 있는 것이 아니라 하늘의 힘 덕분에 날 수 있습니다. 내 얼과 뜻의 힘으로, 내 마음의 힘으로, 내 꿈-바라는 바의 힘으로 날 수 있는 것입니다.

　하늘 모신 살림살이란 바로 내가 바라는 가장 높은 값어치=누구에게나 꿈을 길러낼 수 있는 힘=우주의 힘을 모시고 우주의 힘을 텅 빈 넉넉함으로 드높여 나가는(승화 된) 살림살이를 말합니다. 언제나 어떠한 곳으로도 날아갈 수 있는 힘을 길러 내는 일이야말로 하늘모신 온살림살이입니다.

### 3) 따앙 모신 살림살이

「땅」은 "모두·다·모든 몸들을 한몸으로 드러내고, 한몸으로 드러내어 한몸으로 살림살이하다"를 뜻합니다. 우주는 한몸으로 살아가고 있습니다. 우주는 스스로 잘살고 잘 살리는 뜻(얼)이고, 꼴(틀)이며, 숨(목숨·삶)입니다. 따앙 모신 살림살이는 바로 나와 너, 우리를 하나되게 하는 살림살이이며, 한몸=함께 살아가는 한몸 짓기 살림살이입니다.

따앙은 모든 것을 품을 수 있는 바탕(어머니)입니다. 모든 것을 품을 수 있는 품을 모시는 살림살이가 '나'여야 합니다. 따앙 모심은 '품' 기르기입니다. 착함은 참 함입니다.

「참」은 「차다+채우다」의 이름씨로서 하늘 뜻으로, 따앙 품으로, 사람다운 사람의 사랑으로 차다=채우다를 뜻합니다.

「품」은 한울 참을 꽃처럼=햇살처럼 피어나게=퍼져나게 함입니다. 따앙(땅)이란 살림살이에 있어서 어머니의 품이기도 하고, 바탕이기도 합니다. 따앙(땅)은 하늘 모신 살림살이의 꼴입니다. 틀을 말합니다. 물이 꼴=그릇에 따라서 채워진 품이 다르게 드러나듯이 한울(물은 참 한울입니다)님도 꼴=그릇에 따라서 채워진 품이 다르게 드러납니다. 그릇=틀=꼴이란 한울이 어떻게 쓰여지는가 재는 자(척도)이기도 합니다. 우리 몸은 한울을 모시고 살아가는 그릇=꼴=

틀입니다. 이 그릇=꼴=틀에 따라서 한울님의 꼴도·틀도 다르게 됩니다. 따앙(땅)은 한울님 모시는 몸이고 그 꼴이며 그 틀입니다. 땅모심은 땅 짓기이며 땅 쓰기를 똑같게 하는 한울살림살이입니다.

### 4) 사람 모신 살림살이

이 따앙 위에서 살아가는 동안 우리는 모두 사람다운 사람을 모시고 살아가야 합니다. 나도 잘살고 너도 잘살 수 있도록 하는 살림살이를 온몸으로 지어 나가야 합니다. 사람다운 사람이란 하늘 모시고 살아가는 사람입니다. 하늘이란 우리네 삶에서 가장 값어치=가치 있는 삶의 뜻(얼)과 삶의 꼴(틀)이며, 그 살림살이를 뜻합니다.

나를 하늘로 사랑하고=살리고, 너를 하늘로 사랑하며=살리는, 그리하여 우리 모두를 하늘로 사랑하며=살리는 텅 빈 넉넉함으로 살아가는 사람이 사람(=목숨) 모신 살림살이입니다.

사람은 얼과 뜻인 한울을 머리로 모시고, 꼴과 틀인 따앙을 몸으로 삼고, 한울을 어떻게 쓰는가 결정하는 님(주체, 임자)입니다. 사람이란 그 뜻으로 보아서 하늘 뜻과 하늘 꼴을 쓰는 '쓰임새'라고 할 수 있습니다. 사람 모신 살림살이는 바로 하늘의 뜻을 모시고 따앙을 바탕으로 해서 한울로 살아가는 품새를 말합니다. 사람은 서로 사랑하고=서로 잘살고 살리는 '한울 쓰임새'의 그릇을 말합니다.

사람이 '사람답게 살아간다'는 것은 '텅 빈 넉넉함'의 바탕인 하늘의 얼과 뜻대로, 따앙의 꼴과 틀대로, 서로 사랑하여 서로 잘 살고 잘 살리는 선이살림살이로 피어나고 열매 맺는 삶입니다.

# 3. 제물(자연) 짓는 살림살이

「제물(자연) 짓는 살림살이」는 내가 '나'를 스스로 제물(자연)로 짓는 살림살이를 뜻합니다. 스스로 자기를 짓는 사람이 야훼(여호와=스스로 짓는 사람)입니다. 이념=저를 제물(자연)로 짓는 살림살이를 하는 사람을 뜻합니다. 스스로 짓는 사람이란 '나'를 스스로 짓는 그만큼 나 스스로 넉넉하게(-충만, 자유, 충족, 행복) 되는 사람을 말합니다.

제물 짓는 살림살이는 스스로 밥을 짓는 사람의 살림살이입니다.
제물 짓는 살림살이는 스스로 옷을 짓는 사람의 살림살이입니다.
제물 짓는 살림살이는 스스로 집을 짓는 사람의 살림살이입니다.

## 1) 제물(자연) '밥'의 얼과 뜻

「밥」의 얼과 뜻은 "참빛은 참빛을 낳는다"를 뜻합니다. 「밥」은 "참빛인 쌀·얼·뜻을 받아 모신 대로 참빛으로 빛난다. 참빛을 드러낸다"입니다. 우리가 먹는 모든 밥은 참빛입니다. 「참빛」은 '목숨=생명(生命)'입니다. 「참빛」은 참 목숨입니다. 참 한울입니다.

「밥」은 참한울입니다. 「밥」은 목숨=생명을 기르는 먹이입니다.

쌀밥, 보리밥, 콩밥, 갖가지 섞은 밥, 느낌의 밥, 얼밥, 뜻밥, 사랑밥, 나눔밥, 모듬밥, 사발밥, 함박밥, 감자밥, 고구마밥, 하늘밥으로 우리는 살아갑니다. 찬밥, 식은밥, 더운밥, 제삿밥, 잔치 밥, 들밥, 생일밥….

그래요 「밥」은 한울밥=온밥입니다. 「밥」은 빛이며 목숨=생명입니다. 텅 빈 넉넉함이란 바로 나의 밥을 너의 밥으로, 드디어 우리의 밥으로 삼아 모두 다 넉넉해지자는 것입니다. 사람을 살림의 밥입니다.


2) 제물(자연) '옷'의 얼과 뜻

「옷」의 얼과 뜻은 "모든 하나 하나의 몸인 '나'는 하늘이 내려주신 모든 목숨으로 짜여 있다"입니다. 「옷」은 나를 살리는 감이고, 목숨이 자리하는 목숨감으로 짜여집니다. 나의 몸을 살리지 못하는 것은 옷이 아닙니다. 「옷」은 목숨이 깃들어 있으며, 자라나고 꽃을 피우고 열매를 맺게 하는 '나'입니다. 「옷」은 내가 나를 살려내는 나입니다.

그리하여 '내'가 바로 '집'입니다. '나'(이 몸)를 우주로=한울님으로 모시고, 짓고, 지으며 살아가는 목숨들이 헤아릴 수 없이 우리 몸 안에서 살아가는 것과 같은 뜻입니다. 내가 텅 빈 나로 넉넉한 우주로 살아감이 텅 빈 넉넉함의 얼이고 뜻입니다. 「옷」은 "나·너·우리는 모든 살아 있는 목숨으로 짜여져 있다"를 뜻합니다. "목숨으로 짜여진 나를 입다"가 옷입니다.

### 3) 제물(자연) '집'의 얼과 뜻

「집」의 얼과 뜻은 "참빛을 짓는 곳=자리"입니다. 참빛(「ㅂ」)을 지어내고, 지고 갈 수 있으며, 참빛을 스스로 살고 참빛을 살려서 참빛을 다 이루어 내는 자리를 말합니다. 「집」은 참으로 빛나는=빛내는 곳=자리입니다. 참빛은 한울입니다, 우주 안에서 함께 살아가는 모든 목숨을 길러내는, 잘 자라고 한껏 피어나게 하는 우주의 힘=한울님입니다.

이제 여기에서 내가 살아 있다고 함은 바로 우주의 힘=한울님을 지어 내는 일을 하고 있다는 것입니다. 우주 안에서 함께=한몸=하나로 살아 있다는 것은 우주의 힘으로=한울님으로 우주=한울님을 짓고 지어 간다는 뜻입니다. 그래서 우리는 「집」에서 나고, 자라고, 피어나고, 열매 맺으며, 살아가고 있습니다. 「집」은 우주=한울이기 때문입니다. 모든 몸은 하나 하나가 우주 안에서=한울님 안에서 우주와 함께=한울님과 함께 우주로=한울님으로 살아가야 합니다. 이것이 바로 '텅 빈 넉넉함'입니다. 나는 너의 집이 되고, 너는 나의 집이 되어 우리 모두가 한울 집에서 하나로·함께·한몸으로 살아가야 합니다.

그리하여 '내'가 바로 텅 빈 넉넉함의 「집」이 되어야 합니다. '나'(이 몸)를 우주로=한울님으로 모시고 짓고 지으며 살아가는 목숨들이 헤아릴 수 없이 우리 몸 안에서 함께 살아가는 것과 같은 뜻입니다. 내가 텅 빈 나로, 넉넉한 우주로 살아감이 텅 빈 넉넉함의 집으로 살아가는 얼이고 뜻입니다.

### 4) 제물(자연) 소리 듣는 살림살이

새 소리, 바람 소리, 벌레 소리, 바람에 나부끼는 나뭇잎 소리, 풀잎 소리, 골짜기 물 흐르는 소리, 산짐승 우는 소리…. 이 모든 소리들은 제물(자연) 소리이며 하늘소리입니다. 나를 텅 비우고 그 빈자리를 제물소리=하늘의 소리로 채워 놓으면 우리 온몸은 하늘소리로 넉넉하게 됩니다. 나를 하늘소리로 온통 채워 놓으면 나는 하늘소리로 가득 차고 넘치게 됩니다. 그때부터 나는 하늘소리 살림살이를 하게 되는 것입니다. 하늘소리인 몸이 됩니다.

제물 소리=하늘소리는 우주의 소리이고 하늘말씀입니다. 제물 소리=하늘소리를 들을 수 있을 때, 그 소리가 나를 살게 함으로써 나는 텅 비워 낸 몸이 되고 온누리는 제물의 소리=하늘의 소리로 가득참으로써 넉넉한 소리가 되는 것입니다. 넉넉한 소리는 하늘말씀으로서 우주 안에서 함께 살아갈 수 있는 건짐소리=구원의 말씀으로, 사랑의 길잡이 말씀으로 살아 움직이게 됩니다. 모든 제물(자연)의 소리는 나를 울리는 하늘말씀입니다. 하늘말씀인 제물의 소리를 들을 때 우리 몸은 하늘로 열리고, 하늘의 바람에 따라서 춤추게 되고, 노래를 부르게 됩니다. 제물의 소리는 건짐의 소리, 구원의 말씀이기 때문입니다.


### 5) 제물(자연)의 때와 곳을 지키는 살림살이

텅 빈 넉넉함은 자연의 철과 자연의 자리를 아는 제물(자연) 살림살이입니다. '텅 빈 넉넉함'으로 살아간다는 것은 제 따앙=제 자리를 지키고, 제 하늘=뜻을 지키며 살아간다는 뜻입니다.


(1) 제물의 때와 철

봄을 봄대로 살아야 합니다. 여름을 여름대로 살아야 합니다. 가을을 가을대로, 겨울을 겨울대로 살아가야 합니다. 때와 철의 얼과 뜻대로 살아가야 합니다. 아침을 아침대로 살아가야 합니다, 낮을 낮대로, 저녁을 저녁대로, 밤을 밤대로 살아가야 합니다. 그 한 보기로서 제철의 먹을거리로 하늘밥을 삼아야 합니다. 때는 철을 아는 비롯음=맨처음 자리입니다. 우리는 누구나 할 것 없이 제 때에 태어나서, 제 때에 살다가, 제 때에 돌아가야 합니다. 때를 잃어버리면 '나'를 잃어버리게 됩니다. 아무도 때를 거스를 수는 없습니다. 때를 아는 것은 '나'를 아는 것입니다. 때를 안다는 것은 또한 '철'을 아는 것입니다. 철을 모르면 얼간이가 됩니다. 철이 들어 있지 않으면 얼빠진 사람이 됩니다. 때와 철을 아는 것은 한울의 때와 철을 아는 일이 됩니다. 때와 철을 안다는 것은 '한울'을 아는 것입니다.

「때」는 「ㄷ+ㄷ+ㅏ+ㅣ」입니다. "다·모두·모든 것(「ㄷ」)+열리다 (「ㅏ」)+모두·다·모든 것이 이루어지다. '나'를 한울=우주로 열면 모든 나의 뜻이 이루어지다"를 뜻합니다.

「철」은 「ㅊ+ㅓ+ㄹ」입니다. " '나'를 깊게=높게=넓게 비추어 보면, 그만큼의 '한울'을 얻는다"를 뜻합니다. 때와 철을 '안다'는 것은 '나'를 아는 것이고, '나'를 아는 것은 한울=우주를 아는 것입니다.

밖(겉)을 안다는 것은 안(속)을 안다는 말과 똑같은 말글인 셈입니다. 나의 안과 밖을 안다는 것은 한울=우주의 안과 밖을 아는 것과 같은 일인 것입니다. 제물의 때와 철을 아는 일, 때와 철따라 그대로 산다는 것이야말로 텅 빈 넉넉함으로 살아가는 일입니다.

(2) 제물(자연)의 곳과 자리

내가 설 자리, 깃들 곳, 내가 잠을 잘 자리-곳, 앉을 자리, 곳, 갈 곳, 있어서는 아니 될 자리를 알아야 합니다. 산새들은 나뭇가지에, 아니면 풀섶 어디메에 보금자리를 짓습니다. 산새들이 보금자리(집)를 짓는 모습을 보면, 저 일이야말로 '한울'을 짓는 일이로구나 하고 가슴 뭉클합니다. 제자리, 제가 깃들 곳이야말로 바로 '한울'의 자리이며 하늘이 깃들 곳이라는 것을 배웁니다. 우리는 어느 결엔가 제물(자연)이라는 곳=자리에서 멀리, 아주 멀게 떠나 왔습니다. 제물(자연)의 자리에서 멀리 떨어져 있는 그만큼 우리는제물답지 못합니다. 자연스럽지 못합니다, 이제 우리는 제물(자연)의 자리로 돌아가서 우리의 곳=자리를 다시 회복해야만 합니다. 제자리를 잃어버리거나 빼앗기면 나를 잃게 되고 드디어는 '한울'(우주)을 잃게 됩니다. 우리 모두 다 제자리(곳)로 돌아가야 하겠습니다. 제자리 찾기=복본(複本)이란 말에서도 그 뜻이 분명하게 드러납니다. 「제자리」는 "제 스스로 저(나)를 한울로 자라나게=한울의 뜻이 다 이루어지게 한다"를 뜻합니다.

(3) 아기집(봇)-자궁의 길을 따라서

텅 빈 넉넉함의 길은 아기집(봇)-자궁의 살림살이를 따르는 길입니다. 자궁-아기집(봇)의 살림살이란 씨를 받아 열 달 동안 어머니 뱃속에서 살다가, 그 씨앗은 어머니의 봇(자궁)에서 나옵니다. 어머니가 아기를 내보냅니다. 아기가 스스로 제 길 따라 바깥 누리로 나옵니다. 아가는 자라면서 어머니·아버지·이웃과 더불어 살아가는 모든 사람들에게, 더 나아가서 나라와 겨레, 온누리에 넉넉한 살림살이로 쓰여지게 됩니다.

「텅 빈 넉넉함」이란 바로 자궁-아기봇이 아기를 세상으로 내보내어, 세상으로 나와서 자궁을 텅 비게 하고 세상을 넉넉하게 하는 자궁의 살림살이의 길을 뜻합니다. 자궁은 비우지 않으면 다시 채울 수 없으며, 씨앗을 받아서 다시 세상으로 내보내어 온세상을 넉넉하게 할 때 자궁의 일은 다 이루어지게 됩니다.

텅 빈 넉넉함은 제물(자연=생태계)의 길과 똑같습니다. 논밭의 살림살이도 마찬가지입니다. 씨를 받아 키워서 꽃 피우고 열매 맺은 다음 논밭을 텅 비워놓고, 그 열매가 온누리에 넉넉함으로 쓰여지는 길과 같습니다.

선이(사람)의 몸도 제물-논밭과 마찬가지로 채움-비움-넉넉함의 길을 따를 때 몸은 몸답게 살아갈 수가 있습니다. 나·너·우리 모두가 텅 빈 넉넉함의 제물(자연-생태계)의 길, 우주의 길-한울의 길을 따르게 될 때, 살림살이의 보람을 얻을 수 있습니다.

온전히 비우지 않으면 온전히 채워질 수 없습니다. 텅 빈 넉넉함이란 나에게만 채워짐이 아니라 모두에게 채워짐을 뜻합니다. 나만 채움은 경쟁이고, 싸움이고, 모두의 파멸입니다. 나를 텅 비게 하여 모두를 넉넉하게 함으로 도로=다시 나를 넉넉하게 하는 길이야말로 바로 텅 빈 넉넉함의 길입니다.

아기집(옷)-자궁은 텅 비어 있을 때 씨가 들어갑니다. 씨가 가득 차면(만삭-열 달) 비워 내어야(아기를 낳다) 합니다. 텅 빈 제자리로 돌아가야 다시 채워지고, 넉넉함의 제자리로 돌아가야 다시 채워지고, 넉넉함의 제자리로 돌아갈 때 텅 빈 몸으로 돌아가게 됩니다.

몸은 비움-채움-비움의 길을 따를 때 너·나·우리 온누리에 넉넉함을 주는 우주로 살아갈 수가 있습니다.

몸은 땅으로 비우는 것이고 채우는 것입니다.
몸은 하늘로 우는 것이고 채는 것입니다.
몸은 텅 빈 넉넉함으로 지켜져야 합니다.
몸은 우주=한울의 텅 빈 넉넉함이기 때문입니다.

「텅 빈 넉넉함」은 항아리=자루=그릇의 원리입니다. 강의 길이고 바다의 길입니다. 텅 빔-가득 참-모든 목숨들(生命)의 가득참(充滿)-넉넉함 다시 비움의 길을 가는 것이 바로 제물(자연) 길 닦기(修行)의 살림살이인 것입니다.

「텅 빈 넉넉함」은 아기집(자궁)의 길과 마찬가지로 텅 비움으로 넉넉함을 얻을 수 있다는 믿음의 길입니다. 종교의 사상이나 철학이 아니라 '몸의 사상과 미학' 입니다. 참으로 아름다운 영혼의 길은 바로 텅 빈 가운데서 넉넉함으로 살아가는 참 비움이고 텅 빈 참입니다.

「텅 빈 넉넉함」은 줌으로써 얻어지는 넉넉함이고, 짐으로써 이기는 역설이며, 십시일반(十匙一飯)의 법칙입니다. 열 사람이 한 술(순가락)씩을 주면=비우면=덜 먹으면 한 사람이 먹을 수 있는 끼니(밥상)=넉넉함이 됩니다.

텅 빈 넉넉함의 '텅 빈' 은 없음이 아니라 넉넉한 있음이요 가득 채워진 있음입니다. 있음과 없음=가짐과 비움을 나누지 아니하고, "비움이 채움이고 채움이 비움이다" 를 말해주는=가르쳐주는 참 비움이고 빈 참인 몸의 길(修行)입니다.


(4) 쉼의 자리와 비움의 넉넉함을 위하여
쉼(쉬다)은 넉넉함의 비롯음(시작)의 잠자리입니다.
쉼은 바쁨=분주함을 비우는 것입니다.
쉼은 바쁜 것을 멈추는 것입니다.
쉼은 숨가쁜 것을 느리게 하는 것입니다.
쉼은 '쉬다' 의 이름씨입니다.
쉼은 들숨과 날숨의 맨처음 자리를 찾는 것입니다.


쉼은 살아 있는 몸=우주 찾기이며, 참다운 하늘로·따앙으로·한 '나 찾기' 이며, '나의 맨 처음자리–비롯음의 자리' 를 찾는 자연수행(길닦기이며 마음 닦기)입니다.

쉼은 비움을 통해서 넉넉함을 얻는 지름길입니다.

쉼은 멈춤(정지)이 아니고 삶=살림살이 고르기입니다. 제자리에 머무는 것입니다.

쉼은 '살림살이'에서 벗어남이 아닙니다. 비껴서는 것이 아닙니다. 쉼이야말로 살림살이의 알맹이입니다.

쉼은 일의 한 알맹이입니다.

쉼은 창조적인 삶(창조) 살림살이에 살아 있는 숨(들숨·날숨)을 불어넣어주는 새로운 삶의 길잡이입니다.

쉼은 무엇 무엇을 '하지 않음'이 아닙니다. 멈춤이 아닙니다. 썩음이 아닙니다. 쉼은 삶=살림살이에 목숨(생기-生氣)을 불어 넣어 주는 힘입니다. 자라나게 하는 힘 모음자리입니다.

쉼은 밤의 침잠이며 일에서 잠시 떠나서 제자리를 찾는 낮의 피정입니다. 쉼은 일의 잠재적 힘이며 창조의 잠재적 힘입니다. 쉼이 없으면 일할 수 있는 힘은 고갈되어 가고, 창조는 메마르게 됩니다. 쉼은 넉넉함으로 가는 나를 비우는 물러섬입니다.

# 4. 우리 모두 다 제자리로 : '제물'의 얼과 뜻

「제물」은 자연(자연-Nature)의 순 우리 말글입니다. 제=스스로, 물=
빛(깔)을 뜻합니다. 제 스스로 제 빛을 밝힘을 뜻합니다. 우주의 얼
과 뜻이 제물(자연)에 그대로 스며들어 있습니다. 나무에 풀에 물과
빛－하늘숨(공기)에 그대로 스며있음을 배웠습니다. 겨레(민족)의 얼
과 뜻이 또한 제물(자연)에 그대로 스며있음을 깨닫게 됩니다.

우주의 얼과 뜻, 겨레의 얼과 뜻, 하늘과 땅, 사람이 사람답게 살
아가려는 길잡이를 모시기 위해서는 태어나기에 앞서부터, 태어나
면서부터, 어른이 되어서 더욱 모두 다 제물(자연)살림살이를 배워
야 한다고 여겨집니다, 우리에게 있어서 자연학과 평화학, 그리고
창조학 교육이 열악한 형편입니다. 우리네 살림살이에 제물(자연)이
바탕이 되어 있지 않으면 서로 어우러져 함께 살아갈 수 있는 조화
로움이 깨어지고 말겠지요. 우리네 살림살이에 평화가 바탕이 되
어 있지 않으면, 서로 넉넉하게 함께 살아갈 수 있는 창조력이 결
여되겠지요.

제물(자연)은 평화를 가르쳐줍니다. 우리네 평화는 제물(자연)을 지
켜 주기 때문에 제물(자연)은 더욱 풍요롭게 되겠지요.

제물(자연)은 과학의 과학으로서 과학의 바탕입니다. 자연과학의 정수입니다.

제물(자연)은 문학의 문학, 예술의 예술로서 문학예술의 산실입니다. 자연 문학예술의 터전으로 발전되어야 합니다.

제물(자연)은 종교의 종교로서 발전되어야 합니다. 종교의 행로입니다. 자연종교의 길잡이로 연구되어야 합니다.

제물(자연)은 의학의 의학으로서 의학의 알맹이입니다. 자연의학이 먼저 연구·개발되어야 합니다.

제물(자연)은 문화의 문화이며, 문명의 문명으로서 문화와 문명의 토대로 자연문화와 자연문명의 길을 닦아 나가야 합니다.

제물(자연)은 교육의 교육입니다. 교육의 본보기로서 자연교육이 어느 곳에서나 우선되어야 합니다.

제물(자연)은 예의와 범절, 질서와 조화, 봉사와 섬김, 베풂과 나눔 등 인류 역사의 살림살이에 본보기 선생(교사)님입니다.

제물(자연)은 인류 문화·문명 발전에 필요한 자원의 보고입니다. 모든 생명체의 먹이를 지어 내는 바탕입니다. 자연자원은 거듭되는 세기의 고갈되지 않을 먹이의 생산 창고입니다. 아름답게 지키고 가꾸어 내야 할 것입니다.

제물(자연)은 의약 치료제의 보고일 뿐만 아니라 감정·정서·착한 관계를 유지하는 법을 익히는 도량입니다. 삼림욕과 등산, 느린 걸음으로 거닐기, 바람목욕이 이루어지는 놀이마당입니다. 흙의 치료 효과, 산야초의 약효는 또 어떠합니다. 이처럼 제물(자연)은 인간과의 친교 등 한없는 깊이와 넓이, 높이와 둘레를 지니고 있습니다. 이러한 점에서도 자연과 교육은 인류 평화의 질서와 조화 구축에 마땅히 시행되어야할 교과목입니다.

제물(자연)은 지친 몸 쉴 수 있는 자리로서는 가장 좋은 쉼터라 여겨집니다. 현대인들은 비껴갈 수 없는 짓눌림(spiritual-mental-physical stress, soul, feeling, stress)에 시달리고 있습니다. 지친 몸을 쉴 수 있는 고요한 자리가 대거 없어져 버렸습니다. 쉴 수 있는 명상·기도하는 새로운 생각(new idea) 등 창조적인 몸(Creative Mom)으로 전환(재생-New Borning)할 수 있는 곳은 자연(제물)밖에 더 이상 없습니다.

제물(자연)은 아름다움의 보고입니다. 어떠한 가치로도 되바꿀 수 없는 아름다움을 이 제물(자연)은 쉴 새 없이 새롭게 지어 가는 창조적 아름다움(The New Creative beautifulness)을 우리에게 보여주고 있습니다. 바로 제물(자연)은 그 새로운 창조적 아름다움을 우리에게 날마다(특히 우리나라에서는 봄, 여름, 가을, 겨울, 철철이) 가르쳐주는 본보기 선생(교사)님입니다.

제물(자연)은 우리에게 몸에 필요한 모든 것을 다 주시는 창조의 힘입니다. 우리의 몸을 우주의 몸으로 지어 나가시는 창조의 힘입니다. 우리가 결코 무엇으로도 측정할 수 없는 그 힘을 우리 모두에게 다 주시고 계시는 님이 바로 제물(자연)입니다.

제물(자연)은 탈이 난 우리 몸을 제 자리의 몸으로 이끌어 주시는 자연 건강의 길잡이입니다. 하늘을 깨달아 알게 하시고, 땅을 느끼게 하시며, 살아 있는 모든 몸의 숨결을 사랑할 수 있는 부드럽고 넉넉한 마음을 키워 내시는 자연 건강의 길잡이입니다.

제물(자연)은 느낌(감정-마음)을 넉넉하고 풍요롭게 해주십니다.

제물(자연)은 보는 눈을 넓고 깊게, 그리고 높게 해주십니다. 마음의 눈을 뜨게 해주십니다. 눈의 건강을 지켜주십니다.

제물(자연)은 몸의 작은 살알주머니(세포)를 열어서 자연의 숨을 내고 들이므로(들숨+날숨) 살알주머니(세포)를 깨끗하게(정화) 해주십니다. 살갗으로 숨을 잘 쉬게 해주십니다.

제물(자연)은 드러난 우주(한울)이십니다. 우리(人間)는 우주(한울) 안에서 살아가고 있습니다. 우주(한울) 안에서 살아가고 있다함은 곧 "제물(자연) 안에서 제물과 함께 살아간다, 살아 있다."는 말과 같습니다.

모든 배움터(학교)에서는 말할 나위도 없거니와 교회·사찰·연구기관·회사나 군대와 공장까지도 「자연학(자연배우기)」 강좌를 의무적으로 개설해야 합니다.

마을회관·어르신네 쉼터·어린이집은 말할 것도 없으며, 중앙정부부처나 지방자치단체에서 제물배우기(자연학) 과목을 의무적으로 학습할 수 있도록 해야 합니다. 자연(제물)의 황폐·파괴는 인류문화 문명의 황폐화요 파괴입니다.

제물(자연)은 한울 아름다움을 드러내시는 살아 계시는 한울 말씀입니다. 눈으로, 비로, 바람으로, 안개로, 이슬로, 서리로, 물보라 휘날리는 연무로, 아지랑이로, 노을로, 구름으로, 햇빛으로 영롱하게 수놓으시는 창조의 몸짓입니다. 바람에 나풀거리는 나비와 벌

들의 날개, 풀과 나무, 피고 지고 피는 꽃들, 헤아릴 수 없는 씨알의
열매…. 이 아름다움이 바로 제물(자연)입니다. 우리 한 사람 한 사람
이 풀이고 나무이며 꽃이고 열매이고 제물(자연)입니다.

　제물(자연)은 비롯음과 끝맺음으로 '하나' 되시는 아름다운 힘
(님)=한울(님)입니다. "일시무시일(一始無始一), 한 알의 씨, 무릇 모든
씨알은 한울님이시도다. 일종무종일(一終無終一), 한 씨의 알, 무릇 모
든 씨알은 한울님이시도다."*

---

*　다사함(金明植), 한울말씀(한글 天符經)
　한 알의 씨, 무릇 모든 씨알은 한울님이 시도다. 한 알의 씨가 썩어서 죽어짐으
로 한울이 주신바 그대로 새로운 삶을 살아가게 되는 도다. 무릇 한울의 바탕을
지고 지어나감은 이러하시니…
　하늘은 한울님으로 하늘이시고 따앙은 한울님으로 하늘사람이시며, 사람은 한
울님으로 하늘 따앙사람이시도다.
　하나는 적이 한울 열으심오니, 무릇 한울님 모시는 그대로 새 삶을 엮어나가게
되는 도다.
　하늘은 따앙과 사람과 더불어 하늘 따앙 사람이시고 따앙은 하늘과 사람과 더불
어 하늘 따앙 사람이시며 사람은 사람다운 사람과 더불어 하늘 따앙 사람이시
니 한울 삶은 여럿이 모여서 함께 살아가는 것임이라. 참삶은 하늘빛 이루심이
고 여럿이 더불어 한울빛 열어냄이요, 한울님과 함께 한울빛 엮어 감이오니….
　참삶은 이 내 삶을 부려 놓고서 새 삶을 다 얻고, 새 삶을 다 이루심이라. 또한 다
같이 서로가 새 삶을 일으켜 세움으로 한울을 곱게 꾸미고, 한울 뜻 다 이루어
나가며 한울빛 모시고 살아감이니…
　한울님은 그지없이 거룩하시도다
　한울님은 그지없이 그러하시도다
　한울님은 오늘도 살아 움직이시도다
　한울님은 오늘도 모든 일 되어지게 하시도다

　오. 한울의 바탕은 깊고 깊도다

우리말 우리글=한글이 우리네 살림살이에 하늘의 뜻과 얼을 가르쳐주고 있다면, 제물(자연)은 우리네 살림살이에 넉넉한=더/덜 없는 '살다와 살리다'의 틀과 꼴을 가르쳐주고 있습니다. 하늘의 얼과 제물(자연)의 틀과 꼴을 잘 살리고 한없이 자라나게 하는 님이 바로 "선이"(사람. 人間. Homo Sapiens)라고 할 수 있습니다.

하늘의 얼과 뜻을, 다시 말해 제물(자연)의 틀과 꼴을 받아서 잘 자라게 하고 한없이 크게 하는 사람이 다름 아닌 '선이'입니다. 제물(자연)살림살이 가르침은 우리에게 넉넉함, 여유, 더불어 함께 사는 길, 평화와 평등, 자유와 창의, 주체와 노력(애씀과 힘씀)을 가르쳐주는 참된 삶의 배움터입니다. 뿐만 아니라 제물(자연)은 일터이고 쉼터이며 더불어 함께 살 수 있는 공동체 삶의 길을 가르쳐주고 한없이 뻗어나가게 해주는 창조의 수련장=한울모심자리(수도장·자연수행원)입니다. 더 나아가서 제물(자연)이야말로 우리에게 다 주시고, 다 받으시는 온살림살이의 본보기, 생태 학습장이기도 합니다. 어떠한 없음도 어떠한 더함도 없이 쓰레기를 남기지 않으며 쌓아둠

오. 한울의 바탕은 크고 크도다
오. 한울의 바탕은 빛나고 빛나니…

빛사람이 바라고 바라는 바
하늘과 따앙 한가운데서 오직
한울님으로 살아가는 그 일이오니…

한 알의 씨, 무릇 모든 씨알은 한울님이시도다.

(축적)도 없이 꼭 알맞게 살아갈 수 있는 길을 열어주는 창조의 역사 학습장이기도 합니다.

제물(자연)은 누구에게나 평등하며, 누구에게나 평온하며, 누구에게도 예외를 허락하지 않으며, 누구에게나 평화로운 삶의 자리를 제공해주는 생명의 보고입니다. 다 주시고, 다 거두시는 사랑의 연단 장소인 제물(자연)은 우리에게 모든 것(피부, 인종, 이념, 경제, 정치, 문화, 예술, 과학, 문명)을 넘어서서 더불어 함께 살아가야 함을 가르쳐 주시는 다 사랑하라(다사함)는 하늘말씀=창조의 명령=텅 빈 넉넉함 그 자체입니다.

제물(자연)이야말로 살아 계시는=움직이며=새롭게 새롭게 제 몸을 지어 나가시는 온누리 창조의 말씀(거룩한 글-성서, 경전)입니다.

우리말 우리글=한글이 인류에게 전해 주시는 하늘의 말씀(성서)이시라면, 제물(자연)은 온누리 모든 목숨(들)=생명체(들)에게 가르쳐 주시는 참한 땅(마고-Eden)의 거룩한 말씀(聖經-The Bible, The Scriptures, The One-testament, One-carnation theologos)입니다.

제물(자연)은 모든 살아 있는 몸의 영성(Spirituality)을 깨끗하게 정화시키는 명상·묵상·기도·반성(뉘우침)·삶의 힘을 내게 하는 북돋움(재충전)의 성전입니다.

# 길 닦기

다사함

세 찬 비가 내린다
길가를 넘치는
빗물을 받는다

물길을 만든다
나의 길을 만든다
다사함 꽃길을 닦는다
물길을 만든다
물길이 내 길이고
발길이 내 길이니

살림살이는 내 길을 닦는 일이니

비를 맞으며
길을 맞는다
길이 길을 짓는다

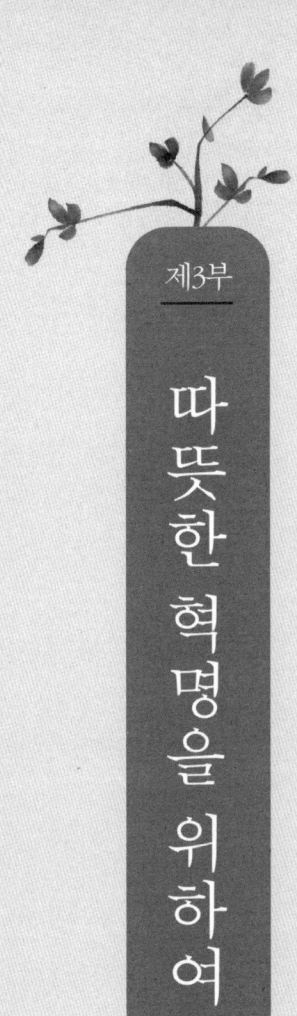

제3부

따뜻한 혁명을 위하여

## 1. 따뜻한 혁명을 위하여 : 나를 녹여 나를 녹여서

「따뜻한 혁명」은 녹이는 혁명입니다. 따뜻함은 사랑입니다. 사랑은 얼어붙은 가슴을 녹입니다. 사랑은 딱딱한 몸을 녹입니다. 암을 녹입니다. 얼어붙은 장벽을 녹입니다.

녹이는 힘은 따뜻함입니다. 사랑입니다. 따뜻한 사랑입니다. 따뜻한 사랑으로 나를 녹여=텅 비게 하여 하나 하나인 나·너·우리 모두를 넉넉하게 하는 일=삶이야말로 따뜻한=녹이는=사랑의 혁명이라고 할 수 있습니다.

따뜻한 삶이 바로 사랑함입니다. 가난하고 아프며 슬프고 괴로운 모든 것들을 녹이는 살림살이, 그리하여 나를 새로운 사람으로 지어 나아감이 바로 따뜻한 사랑의 혁명입니다.

텅 빈 넉넉함으로 이 세상을 새로운 몸으로 지으며, 온누리에는 평화가 가득 넘치게 되는 새로운 씨올의 탄생. 새로운 세기로 비롯되는 새로운 삶의 시작이 다름 아닌 따뜻한=녹이는=사랑의 혁명입니다.

따뜻한 혁명은 따뜻한 사랑의 살림살이 혁명(The loving Revolution)입니다.

텅 빈 살림살이야말로 사랑을 낳습니다. 사랑은 넉넉함의 문이며 길입니다. 사랑은 넉넉하게도 하고 나 자신을 텅 비게도 합니다.

제도적으로 보장 받는 텅 빔은 텅 빈 살림살이가 아닙니다. 나만이 있는 텅 빈 밭(논)에서 씨를 뿌리고, 김을 매고, 거름을 뿌리며 다 익어가는 들판=논밭의 넉넉함을 이루어내는 삶=살림살이야말로 "텅 빈 넉넉함"입니다.

어떠한 보장이나 혜택도 없이 홀로 서 있는 나무 하나 하나가 모여서 텅 빈 제자리에서 산을 이루고 산맥을 이루어 넉넉함을 창조해 내는 삶이야말로 텅 빈 넉넉함의 살림살이입니다.

바다에 모여 있는 물방울 하나 하나가 한 바다-텅 빈 넉넉함-를 이룸과 같습니다.

나는 산이고 바다입니다.

나는 하늘이고 땅입니다.

나는 텅 빈 넉넉함으로 살아가는 우주=한울입니다.

「텅 빈 넉넉함」의 한울(우주) 이야기가 「텅 빈 넉넉함」의 배움의 길이고 가르침의 길입니다.

「텅 빈」은 나를 다(온) 녹이는 일입니다. 딱딱함을 녹이려고 하면 따뜻함(열-사랑)이 있어야 합니다. 맨 먼저 해야 하는 일은 '나'를 녹이는 일입니다. '나'를 녹이려면 '참 나'를 참으로 사랑하고 '겉 나=거짓 나'를 녹여내어야 합니다. 나-겉 나=거짓 나를 녹여 냄으로 겉 너=거짓 너=거짓 우리=겉 우리를 녹여낼 수가 있습니다. 모든 것을 녹여 내려면 따뜻함=사랑=다 사랑함(다사함)이 넘쳐나야

합니다. 다사함(다 사랑하다)으로, 모든 것을 사랑의 따뜻함으로 녹여
=텅 비워서=사랑의 몸인 '우리=우주'를 만들어 지어 내어야 합니
다.

　다사함(다 사랑함)이야말로 따뜻한 혁명=녹이는 힘(Melting Energy),
사랑의 혁명입니다.

## 2. 나를 새롭게 새롭게 지어감에 대하여

새롭게 새롭게 나를 지어 가는=피워 내는 꽃처럼 살아가야 합니다. 서로 도움으로 사랑을 꽃피워 내어야 합니다.

나는 새롭게 새롭게 나를 지어 가는 사람입니다. 사랑도 지어 가야 합니다. 아름답게… 논도 밭도 아름답게 지어 가야 합니다. 씨앗도 하늘로·따양으로·사람다운 사람으로 지어 가야 합니다. 한울님으로, 하늘이 내려 주신 바 그대로 지어 가야 합니다. 지어 가야 한다는 말글은 '지고 가야 한다'로 쓰여도 좋습니다.

나는 나를 새롭게 새롭게 지고 가야 합니다. 지어 가야 합니다. 한없는 지음=만듦–지고감–메고 감–영원한 진화=진보·발전은 경쟁이나 투쟁에서 피어나는 것이 아니라 사랑=따뜻함=녹여내는 혁명–자기혁신=새롭게 지어감에서 비롯됩니다. 내가 나를 지어감은 따뜻한 빛의 원리에 입각해야 합니다. 따뜻함으로 딱딱한 것은 녹습니다. 녹음으로써 앞으로 나아가 자라납니다. '자란다'는 성장(Growth-Growing-Grow)은 '잘 한다'는 것을 뜻합니다. 자란다(성장)는 따뜻함에서–사랑의 열기로 진보·발전하고 새롭게 새롭게 창조해 간다는 뜻입니다.

진보·발전·창조는 따뜻함=사랑의 은혜입니다. 사랑은 그리움에서 비롯됩니다. 그리움은 사랑으로 자라서, 사랑은 모든 목숨(생명)을 한없이 자라나게(성장), 크게 만들어 줍니다.

빛은 사랑이십니다. 빛은 텅 빈 따스함이니… 텅 빈 빛으로 딱딱한 가슴=세상을 녹여 냅니다. 따뜻한 혁명=녹이는 혁명으로. 빛은 목숨입니다. 사랑은 따스한 빛이며 그 사랑의 빛으로 모든 목숨을 살려 내는 살림의 바탕이 되나니, 사랑의 깊이는 빛의 깊이이며, 빛과 사랑은 목숨(生命)의 샘이며 흐름입니다.

넉넉한 나의 살림살이는 바로 집단이기주의인 이념을 넘어, 개별(조각-파편적인) '나'를 비우고 우리 모두인 '나'로 넉넉해지자는 것입니다. 나–나에서 울–나(울나, 한울나)로 새로 태어나는 건짐(구원) 받은 나의 비롯음(출발)이 바로 텅 빈(나) 넉넉함(울나)입니다.

바로 사랑의 따뜻함으로 서로 사랑하지 못하는 적·원수의 모든 몸들을 하나 하나 녹여서 사랑의 몸(집, 마을, 가정)·우리·우주로 새롭게 창조해 낸다는 것입니다. 따뜻한 혁명(The Melting Revolution)은 사랑의 혁명입니다.

"덧씌워진 나를 몽땅=텅 비움으로 가득 넘치는 넉넉한 나=우주를 얻는다는 것입니다."

「텅 빈 넉넉함」이란 내가 없는 나입니다. 씨가 땅에 뿌려져 나를 썩히고 드디어 알로 넉넉하게 해 놓는 삶=살림살이야말로 텅 빈 넉넉함입니다. 하나 하나의 '나'를 녹여서=텅 비게 하여 우리가 바라는 '나라'를 지어 내려고 넉넉하게 함이 다름 아닌 따뜻한 혁명=텅 빈 넉넉함입니다.

　따뜻한 혁명=녹이는 사랑의 혁명(The Melting Revolution)은, 나는 아무것도 가지지 않으면서 우리 모두가 넉넉하게 되는 경제=살림살이 원칙에서 비롯됩니다. 내가 가지지 않음으로 우리의 가짐은 더욱 많아집니다. 더욱 많이 갖게 됨이 바로 '넉넉함'입니다. 텅 빈 넉넉함은 나를 비움으로써 우리가 넉넉해진다는 것입니다. 우리가 넉넉해짐은 하나 하나의 「나」도 넉넉해진다는 것입니다 이 살림살이가 바로 녹이는 혁명의 바탕입니다.

## 3. 따뜻한 사랑 이야기
　－ 제물(자연)이 우리에게 들려주시는

　우리말 우리글의 뿌리와 새암에서 ‘따뜻하다’라는 말글의 뜻은 여러 가지입니다. 몸이 따뜻하다, 방이 따뜻하다, 분위기가 따뜻하다, 품안이 따뜻하다, 견디기에 알맞게 덥다, 온정이 넘친다, 마음이 따뜻하다, 날씨가 따뜻하다 등등입니다. 사람(人間)을 중심으로 풀어낸 말글의 뜻인 듯합니다.

　「따뜻하다」라는 말글을 제물(자연)을 중심으로 그 얼과 뜻을 찾아보면 「따＋뜻＋하다」로 나눠서 살펴볼 수 있겠지요. 「따」를 다시 나눠보면 「ㄷ＋ㄷ＋ㅏ」로 「ㄷ(디귿)」은 “모두, 다, 모든, 온, 한”을 뜻합니다. 「ㅏ(아)」는 “열다, 열리다, 열어놓다, 드러내다, 싹이 트다, 움이 돋다, 움이 뜨다, 눈이 나다, 눈을 내다, 비롯되다, 비롯하다, 비롯음”을 뜻합니다. 그래서 「따」는 “온몸을 열다, 드러내다, 살아 숨쉬는 모든 목숨(생명-生命)을 살아 있게 하다”를 뜻합니다.

　「뜻」은 「ㄷ＋ㄷ＋ㅡ＋ㅅ」으로 “모두, 다, 모든 목숨(생명-生命)이 살아 있게 되다(ㅡ), 살아 있는 것으로 쓰다(ㅡ)”를 뜻합니다.

　제물(자연)의 입장에서 「따뜻하다」는 “모든 목숨이 나름대로 자기 자신을 피워 내고, 열매 맺으며 ‘씨’로 출발해서 ‘알’이 되는

'씨알'의 생명 순환"을 말해주는 말글입니다.

제물(자연)은 모든 것을 살려 주고, 살려 내며, 함께 살아가게 하는 바탕입니다. 제물이 우리에게 말해 주시는 따뜻한 사랑 이야기는 비를 내려서 모든 목숨(생명)을 걸러내듯이, 모든 목숨을 걸러내어서 제 목숨 되게 하는 것이 다름 아닌 따뜻함입니다. 눈이 내려서 봄의 기름짐을 예비하듯이 어쩌면 눈이 내린다 함은 '춥다'의 개념을 넘어서 넉넉함과 풍요의 따뜻함을 지닌 것이지요. 봄바람을 불어오게 하여 제물(자연)은 우리에게 그지없는 따스함을 온몸으로 가르쳐줍니다.

제물(자연)이 우리에게 주시는 따뜻함을 그리워함은 가까운 이웃들로부터 주는 그 따뜻함을 그지없이 그리워함과 같습니다. 제물의 따뜻함이나 사람이 발하는 따뜻함은 우리가 지니고 있는 따뜻함에서 비롯된 똑같은 따뜻함이라 생각합니다.

인간중심적 개발과 문명화=기계화, 특히 서구적 근대화의 급속한 흐름은 제물이 지닌=사람다운 사람이 지닌 따뜻함의 근거를 여지없이 무너뜨리고 파괴해 버린 나머지 제물의 따뜻함=사람이 지니고 있는 따뜻함이 식어 가고 냉랭한 쟁투의 올가미로부터 벗어나지 못한 채 질주하고 있습니다. 그 결과 제물이 주는 따뜻함은 말할 나위도 없으며 그 아름다움, 조화와 균형은 깨져 가고 있는 실정입니다.

사람(人間-Homo Sapiens)도 제물(자연)과 한몸입니다. 나아가 우주 그 자체라고 할 수 있습니다. 제물이 지닌 따뜻함이 사그라지면 사람의 따뜻함도 식어 버릴 것이 뻔합니다. 따뜻한 사람으로 살아가려면 제물이 우리에게 주시는 따뜻함을 되찾아야 합니다. 우리말 우리글의 「따뜻하다」의 얼과 뜻이 우리 모두에게 가르쳐주시는 바와 같이, 갇혀=닫혀 있는 우리 몸을 활짝 열어서 우리 한 사람 한 사람이 모두 다른 사람을 살려내는 그 따뜻함을 되찾아야 하겠습니다.

마음이 따뜻해야 함은 말할 나위도 없습니다. 살(肉)이 따뜻해야 하며 얼과 뜻이 따뜻해야 하겠지요. 우리 피가 따뜻해지고 뼈와 근육, 세포 하나 하나가 따뜻해져야 하겠습니다. 따뜻한 사람이, 따뜻한 손과 발, 따뜻한 가슴이 이웃을 살려내겠지요. 따뜻함이야말로 평화(平和, Peace)의 밭이 되며 우리 '살림문화'의 바탕이 됩니다.

살림문화의 꽃은 바로 따뜻한 평화(平和, Shalom)입니다. 제물(자연)이 우리에게 주시는 따뜻함은 바로 우리 모두를 살려내는=살아 움직일 수 있게 하는–살아서 힘차게 일하며 창조해 나갈 수 있게 하는 목숨(生命)의 뿌리이며 새암이기 때문입니다.

제물(자연)이 우리에게 주는 생명력(Cosmic Energy, Universal Power: 비, 바람, 눈, 이슬, 서리, 땅과 바다, 흙과 가람(강)… 봄, 여름, 가을, 겨울… 밤과 낮, 하늘의 별들과 땅 위의 풀나무, 벌레와 짐승)은 우리네 삶 전체를 넉넉하게 할 뿐만 아니라 가장 풍요롭게 해 줍니다. 그 생명력이 바로 우주적 재산인 '따뜻함'이라고 생각합니다,

어쩌면 우리가 이곳(Here)에서 이제–지금(Now)을 살아간다는 것은 바로 비를 비답게 내리게 하는 삶이어야 함을 뜻합니다. 바람을 바람답게, 눈을·이슬을·서리를·땅과 바다를·흙과 가람(강)을·

봄·여름·가을·겨울을 때와 철 – 밤과 낮을·하늘의 별들과 땅 위의 풀나무·벌레와 짐승 등 모든 살아 있는 것들을 그냥·그대로·그토록·그처럼·그저·그답게·그되게·그렇게 살아갈 수 있도록 (제물이 우리에게 베풀어주시는 가장 보배로운) 따뜻한 그 길을 걸어가는 것이야말로 참삶의 길이라고 봅니다.

제물(자연)의 따뜻함을 되찾는 일은 바로 나의 제물(자연성)됨을 되찾는(회복시키는) 삶입니다. 나의 제물됨(자연성)을 되찾으려면 우리 모두가 제자리(제물-자연)로 돌아가야 합니다. 제자리 찾기는 사실상 우리 모두가 희망의 나라를 찾는 일이고 삶입니다. 희망의 나라를 세우는 첫걸음은 바로 제자리(제물-대자연)로 돌아가서 새로운 삶의 방식을 선택하는 일에서 비롯된다고 봅니다. 자연스런 도시와 자연스런 시골이 똑같아질 때만 가능하겠지요. 근대화는 결과적으로 우리 모두를 희망의 나라로 인도한 것이 아니라 절망의 나락으로 떨어뜨려 버렸습니다. 도시는 우리를 소비의 나락으로, 시골은 도시의 상품 소비의 나락으로 전락했습니다. 도시와 시골은 이제 절망의 구렁텅이에 빠져버렸습니다. 그 어느 누구도 근대화, 그 절망의 늪을 벗어날 수 없게 되었습니다. 이제 그 어느 곳에서도 더불어 살아갈 수 있는 희망의 나라는 찾아볼 수 없게 되었습니다. 그저 절망뿐입니다.

세계 도처에서 경쟁(시험)은 우리 모두에게 전쟁=쟁투를 방불케 하며 전쟁은 이기는 쪽에도 절망을 안겨주게 되고 말았습니다. 이제야말로 우리는 서로가 서로의 몸을 내주어 푸르름(녹색)의 빛깔을 함께 지어 내고, 더불어 함께 살아갈 수 있는 따뜻한 평화의 지대 (Green Peace Zone-GPZ)인 제물(자연)을 함수로 상생의 틀인 '살림의 문화'를 창조해 내야 합니다. 새로운 창조자(New Creator-新創造人)로 거듭나야(낳아져야) 하겠습니다.

우리 모두가 제자리에서 경쟁=싸움(전쟁)-절망의 늪-사슬에서 벗어나 상생의 틀인 '살림의 문화'를 창조해 나가는 삶=살림살이 (살리다+살다)야말로 제자리에서 희망의 나라를 세워 가는 삶이라고 봅니다. 우리 모두에게 제자리-희망의 나라는 제물(자연)이 우리에게 주시는 따뜻함에서 비롯된다고 봅니다.

> 나의 따뜻함 36.5=36.5도
> 나와 너의 따뜻함 36.5 × 2=73도
> 제주인(60만)의 따뜻함 **36.5 × 60만=2,190도**
> 7,000만 통일민족의 따뜻함 **36.5 × 7,000만=255,500도**

제물(자연)이 우리에게 주시는 따뜻함, 그 열매는 무한합니다. 그 열기를 나와 너의 열매로, 우리 모두의 열기=따뜻함으로 쓰여질 때, 그 열매는 바로 우주의 열기로 승화되리라 믿습니다. 이 우주의 열기=따뜻함은 바로 우리 모두를 살리는, 구원하는 살림문화의 바탕=토대가 될 것입니다. 이 살림문화의 열기=따뜻함은 경쟁·투쟁 =전쟁=절망의 늪을 넘어서 따뜻한=녹이는=사랑의 혁명을 낳게 할 것입니다.

녹이는 사랑의 따뜻한 혁명(The Melting Revolution)은 한 사람 한 사람이 제물(자연)을 바탕으로 모두가 제자리로 돌아감에서 시작될 것입니다. 제물(자연)은 거친 듯하고 울퉁불퉁한 것 같지만 누구에게나 고른 삶을 살게 하는 평등·평화의 자리가 됩니다.

온갖 살해=죽임의 무기인 전쟁무기를 남김 없이 녹일 수 있는 따뜻한 열기로 모든 얼어붙은 빙벽을 녹여 내어야 합니다. 추운 겨울 밤 구들을 따뜻하게 하려면 제 몸을 태워 따스함을 자아내게 하는 땔감이 있어야 합니다. 그리하여 제 몸이 불에 타서 소리 없이, 형체도 없이 사그라지면서 따뜻함으로, 뜨거움으로 승화된 사랑의 열기로 타올라야 합니다. 이 땅 위에서 우리를 죽이는=살해하는 무기를 생산하는 차디찬 손짓을 녹여 낼 수 있는 따뜻한 사랑의 열기가 요구됩니다. 모든 죽임=살해의 장치를 녹여 낼 수 있는 힘=녹이는 혁명은 따뜻함을 짓는 땔감에서 먼저 배울 수 있어야 하겠습니다. 녹이는 혁명은 한 사람 한 사람의 몸에서 뜨겁게 발해지는 따뜻함에서 익혀집니다. 드디어는 녹이는 혁명은 따뜻한 사랑의 힘에서 비롯될 것입니다. 따뜻한 사랑의 힘으로 뭉쳐진 녹이는 혁명은 살 에이는 겨울바람을 훈훈하고 따습게 부는 봄바람으로 변화시킬 것입니다. 사랑의 혁명은 이 땅 위 구석구석에 배치된 모든 죽임=살해의 무기와 장치를 녹여 쟁기와 보습으로 만들어 낼 것입니다.

따뜻한 사랑의 힘=녹이는 혁명은 핵무기와 미사일, 탱크와 잠수함, 총이란 모든 총, 칼이란 모든 칼을 녹여 낼 것입니다. 그리하여 우리 모두를 따뜻함의 근원지인 제물(자연)로 돌아가게 하는 길잡이가 될 것입니다.

이제 우리는 한 사람 한 사람 제자리(제물-대자연)로 돌아가 씨앗이란 모든 씨앗을 땅에 뿌리고 키워 내어야 합니다. 우리가 뿌린 씨앗이 우리를 살리는 생명의 양식이 되어야 합니다. 바로 우리가 그토록 바라는 민주주의 꽃을 피워 내어야 합니다. 민주주의의 꽃은, 열매는 바로 자급자족입니다.

제물(자연)이 우리에게 거저 주시는 따뜻함, 그 사랑이야기=속삭임에 우리 모두 귀 기울여서 조용히=고요하게 제물(자연)이 가르쳐 주시는 따뜻한 사랑의 힘=녹이는 혁명으로 희망의 나라를 세워 나가야 하겠습니다.

"21세기 우리가 희망입니다."

## 4. 한몸짓기살림살이에 대하여

넓은 의미(뜻)에서, 아주 넓은 틀에서 보면 인간중심적인 틀=사고(생각)의 틀을 바꾸지 않으면 결코 우리는 고해(苦海)=쓴바다의 굴레=원죄=카르마의 사슬에서 벗어날 수가 없다고 봅니다.

보기를 들어서 말해 보면 "병 주고 약 주는 틀"을 벗어나야 합니다. 병은 병된 삶을 살아가기 때문에 걸린 것입니다. 그 병에 대한 치료약은 없습니다. 그 치료 방법은 병에 걸리지 않게 하는 살림살이를 살아가는 것뿐니다. 흙-땅에서 멀어지면 멀어질수록 흙-땅병(흙-땅에서 멀어진 병·암)에 걸립니다. 흙-땅병의 치료약제는 흙-땅으로 돌아가서 흙-땅이 되는 것뿐입니다. 하늘에서 멀어지면=떨어지면 하늘병(화병)에 걸립니다. 하늘병을 치료하려면 하늘로 돌아가야만 합니다. 사람에게서 멀어지면-벗어나면 사람병(상사병)에 걸립니다. 사람병을 치료하려면 사람에게로 돌아가 사람과 한몸짓기를 해야 합니다.

인간중심적인 것은 병이고, 인간중심적(人間中心的)인 처방-치료나 약으로는 사람중심병을 치료할 수 없습니다.

「고치다」는 '곧이다'입니다. 곧은 똑바로=올바로입니다. 올곧다입니다. 고치다는 '곧게 하다' 입니다. '병'은 '곧지 않다, 올곧지 않다.' 입니다. 올은 줄입니다. 줄은 날줄과 씨줄이 있는데, '병'이란 "날줄이 곧지 않다 올바르지 못하다. 씨줄도 그리하다"를 뜻합니다.

"병*을 고치다, 치료하다"는 "하늘의 올, 땅흙의 올, 사람=사랑의 올=줄로 이루어진 나의 몸이 올곧게 살면 된다"를 말합니다.

「쓴바다=고해(苦海)」는 병해(病海)입니다. 죄의 바다라는 말과 같습니다. 고해=쓴바다는 잘못입니다. 고해는 생명을 자라나지 못하게 합니다. 고해는 생명 못 자라게 함입니다.

병(의 바다)에서 벗어나려면 병을 고쳐야 합니다. '병을 고치다'는 '병'은 올바르지 못한 것이기 때문에 올바르게=곧게 살아가면 병은 저절로 고쳐지게 됩니다. 하늘(뜻)·땅(꼴)·사람(사랑)의 날줄과 씨줄이 올곧아야 합니다.

다시 말하지만 고치다는 '곧이다' 입니다. 곧게=올곧게=올바르게 살면 됩니다. 올곧게는 하늘 뜻대로=하늘이 우리에게 주신 바 그대로·그냥·그처럼·그토록·그저·그답게·그되게·그렇게 살면 됩니다. 따앙의 꼴(틀)대로=사람의(사람다운 사람의 길) 길따라, 사랑함으로 텅 빈 넉넉함으로 살아가면 됩니다. 하늘은 잴 수 없는 텅

---

* 병-없다, 굽다, 구부러져 있다, 올곧지 못하다(올바르지 못하다), 닫혀있다, 땅 없으면 땅 없는 병에 걸립니다. 앓이를 하게 됩니다. 가슴앓이, 배앓이, 속앓이…

빈 넉넉함 그것입니다. 텅 빈 그것의 얼과 뜻을 받아들이는 마음이 바로 마루(으뜸) 가르침입니다. 사람은 그 뜻과 얼을 다 알 수 없습니다.

하늘의 뜻이 무엇인가를 묻고 깨닫고 헤아려보는 몸가짐이 바랄 만한 일이겠지요. 땅은 잴 수 없는 텅 빈 넉넉함 그것, 우주=한울 안에서, 또 밖에서 살아 움직이는 꼴=틀=몸입니다. 땅덩이-지구 도, 해도, 달도, 수많은 별들도 모두 다 틀이 있고 꼴이 있어서 그것 을 땅이라고 합니다. 사람은 사랑의 몸-살다와 살리다의 목숨입니 다. 모든 몸·것은 살아 숨 쉬고 있는 몸=생명체입니다. 이 생명체 (생태)를 사람이라고 합니다. 하늘도 따앙도, 사람(사랑)도 다 헤아릴 수 없습니다. 오늘까지는 그것들을 인간중심적으로 알려고, 또는 안다고 해 왔습니다.

텅 빈 넉넉함으로 우주 중심의 살림살이로 우리 몸을 바꾸어 놓 지 않으면 하늘을 죽이고, 따앙을 죽이고, 사랑(사람)을 죽이는 꼴을 피할 수 없을 것입니다.

모든 것들-보이는 것들이나 보이지 않는 것들-은 하늘의 뜻을 지니고 있습니다. 따앙의 꼴을 지니고 있습니다. 사랑의 살림살이 를 지니고 있습니다. 사랑의 숨결을 지니고 살아갑니다.

「한몸짓기살림살이」는 "한몸으로 받다와 주다(Onecarnation=Incarnation +Upcarnation)"입니다. 우주를 나의 몸으로 받아들여야 합니다. 한몸짓 기(Onecarnation)는 한울모심(Incarnation)과, 한울섬김(Upcarnation)이 한몸 으로 이루어짐입니다.

하늘은 나입니다. 나는 하늘입니다.

땅은 나입니다. 나는 따앙입니다.

사람은 나입니다. 나는 사람입니다.

나는 우주이고, 한울입니다. 우주는 나이고, 한울도 나입니다.

풀 한 포기, 나무 한 그루, 물 한 방울, 흙 알갱이 하나, 모래 한 알, 숨 한결, 빛 한결, 한숨, 한숨결…. 이 모든 것들이 나입니다. 말할 나위도 없는 몸인 나는 나의 그것들(몸들)로 이루어져(이룸) 있는 몸입니다. 때문에 몸은 우주=한울입니다.

"나의 몸은 우주다=한울이다"가 오늘 하루의 삶 속에서 무르익고 녹아질 때, 텅 빈 넉넉함으로 우리는 다 풀린 삶(자유함)을 살아갈 수 있으며 모자람 없는 넉넉함으로 평화로울 수 있게 됩니다.

「산다(살아간다, 살아 있다)」는 것은 "하늘의 것들이 모두 나에게로 내려와서(Incarnation) 그것을 받아서 땅의 몸을 모시고 살아가다가 도로 하늘의 몸으로 돌아가(Upcarnation)는, 그래서 하늘과 따앙과 사람(사랑)이 한몸을 지어서(지으며) 살아간다(Onecarnation)"를 뜻합니다.

「한몸짓기(Onecarnation)」란 바로 우주짓기이며, 한울짓기를 말합니다. 그래서 오늘 이 하루를 '산다'는 것은 빛으로, 흙으로, 사랑으로, 하늘로, 따앙으로, 사람으로, '한 몸'을 이루어내자는 것입니다.

바로 그 삶이 '한몸짓기살림살이'입니다.

한몸짓기는 바로 따로 떨어져있는 '나'가 아니라 한몸(우주로, 한울로)으로 나를 짓는-텅 빈 나를 짓는-그리하여 하늘·땅·사람이 '한몸-넉넉함'을 짓는 살림살이입니다.

텅 빈 넉넉함으로 한몸짓기살림살이는 그야말로 인간중심주의를 뛰어넘어서 하늘 중심, 따앙 중심, 사랑 중심의, 보편적·우주 중심적 사상이고 철학이며, 종교(宗敎)며, 과학의 과학이며, 넉넉한 경제와 정치·문화와 문명의 바탕입니다.

이것을 정리해 보면 다음과 같습니다.

우주 중심적 사상 - 생각 - 올바르게
우주 중심적 철학 - 밝힘 - 환하게
우주 중심적 종교 - 바탕 - 밑받침
우주 중심적 과학 - 따짐 - 곧게
우주 중심적 경제 - 넉넉함 - 기쁘게/즐겁게
우주 중심적 정치 - 다살림 - 나눔으로
우주 중심적 문화 - 함께 - 더불어
우주 중심적 문명 - 아우름 - 평화롭게
우주 중심적 명상 - 그려봄 - 다듬어가다
우주 중심적 묵상 - 되새겨봄 - 고요하게
우주 중심적 기도 - 바람 - 몸바라기
우주 중심적 노동 - 몸일 - 몸기르기

텅 빈 넉넉함으로 우주중심적인 한몸짓기살림살이(The Cosmic Living way of Onecarnation)는 21세기를 넘어서 인류사의 보편적 가치로 승화되어야 합니다. 한몸짓기의 사상과 철학은 몸의 신학(Onecarnation theology)에서 벌써 이야기된 바와 마찬가지로, 인류 구원의 바탕 원리입니다.

삶=살림살이(살다+살리다의 길)는 다른 말로 한몸짓기이며, 우주적 짝짓기입니다. 사상적·종교적·철학적·문화적·문명적으로 한몸짓기는 우주적 사랑짓기입니다. 한몸짓기(Onecarnation)는 텅 빈 넉넉함의 원리로서 하늘짓기이며, 따앙짓기이고, 사람짓기로서 하늘 따로, 따앙 따로, 사람 따로를 막고, 한몸인 우주=한울나라로 가야 한다는 한몸 지음이고, 몸길 닦기이며, 한몸짓기살림살이입니다.

우주는 한몸이고 한울나라는 한몸인 나라인 것입니다. 개인주의(자기를 지키되)를 넘어서서, 겨레(민족)주의(제 겨레를 살리되)를 넘어서서, 자본주의·사회주의를 넘어서서 한몸인 살림살이를 지향하는 것이 다름 아닌 한몸짓기(Onecarnation) 살림살이인 것입니다.

한몸짓기(Onecarnation)살림살이는 우주의 살림살이를 따름이요, 한울의 살림살이를 지킴이고, 하늘의 뜻을 따라, 따앙의 꼴을 따라, 사람다운 사람의 사랑을 따라 함께=더불어, 다같이 아우르는 살림살이인 온누리 평화(和平-平和)짓기입니다. 온누리 평화태학당짓기–경당짓기인 것입니다.

한몸짓기살림살이(The Onecarnation living way)는 텅 빈 넉넉함의 원리에 따라서만 아름답게·넉넉하게·거룩하게·알차게 피어나고 열매 맺게 될 것입니다.

「한몸짓기살림살이」는 살아 계시는 목숨의 살림살이입니다. 도깨비나 도깨비 방망이의 믿음을 따르지 않습니다. '우상' 인 '귀신'

을 믿지 않으며 우주의 운행대로 함께=한몸으로 밤은 밤같이, 낮은 낮같이, 봄은 봄같이, 여름은 여름같이, 가을은 가을같이, 겨울은 겨울같이 살아가자는 것입니다.

「한몸짓기살림살이」는 봄이 되면 내가 봄대로 피어나자는 것입니다. 새싹으로, 푸른 잎줄기로, 가지로, 꽃으로 피어나야 한다는 것입니다. "우주의 운행은 나의 운행이다"라는 말대로 살아가자는 것입니다. 우주의 운행대로 살아감이 하늘 뜻대로 살아감이고, 따앙의 꼴대로 살아감이며, 사람다운 사람의 사랑으로 살아감이라는 것입니다.

사실 그렇게 살아가지 않음이 다름 아닌 앓이-가슴앓이, 속앓이-아픔, 병(질병-病)이고, 고통이고, 원죄이고, 고해(苦海)에서의 방황입니다. 업입니다. 여기에서 벗어나려고 우리는 이제 여기에서 한몸짓기살림살이로 돌아가야 한다는 것입니다. 한몸짓기살림살이의 가치는 마땅히 그리해야 하는 믿음의 가치이고, 바람의 가치이며, 사랑의 가치입니다. 이러한 가치를 실현하는 일이 '따뜻한 혁명(Melting Revolution-녹이는 혁명, 사랑의 혁명)'이고, 텅 빈 넉넉함으로 살아가는 살림살이입니다.

따뜻함은 나를 녹임이고, 나를 녹임으로써 나는 텅 비워지고, 나를 비워냄으로써 우리 모두가 새롭게 새롭게 '넉넉해져' 한몸=우주=한울을 이루어낼 수 있다는 것입니다. '텅 빈 넉넉함'의 바탕=원리는 우주살림살이의 바탕이며 한울살림살이의 원리입니다. 한울살림살이란 사랑의 살림살이입니다. 참사람이야말로 나를 잘살게 하고 너를 잘 살리는 삶=살림살이를 살아가게 합니다.

「한몸짓기살림살이」는 바로 따뜻한 혁명(The melting Revolution)입니다. 사랑의 혁명입니다. 인간중심주의의 살림살이에서 나의 몸을 우주 중심=한울(하늘 따앙 사람)중심의 살림살이로 새롭게 변화=새롭게 지음=새롭게 만듦=새롭게 창조(New Creation)해 나가자는 것입니다. 나의 몸=나를 온(全)히 녹여서=텅 비게 하여 새로운 몸=사람(새로운 나)으로 거듭나자고 하는 것입니다.

따뜻한 혁명=녹이는 혁명=사랑의 혁명은 바로 텅 빈 넉넉함으로 다시 태어나게 하는 새 창조사업(New Creation)입니다. 따뜻한 혁명의 길은 좁지만 뜻 깊은 창조 사업입니다. 나를 일으켜 세우는, 나를 새롭게 탄생시키는 작업인 것입니다.

따뜻한 혁명(The melting Revolution)의 힘인 사랑은 참 쉼의 가운데 자리(中心)입니다.

참사랑이야말로 참 쉼이고, 참 휴식입니다.

쉼=휴식이 사랑됨이 아니라, 쉼=휴식이 사랑의 중심이 아니라, 참사랑이야말로 참 쉼=참 휴식의 중심입니다.

참사랑은 살림(잘 살리다)의 중심이고, 살이(잘 살다)의 중심입니다.

참사랑은 참하나님=한울입니다. 사랑은 따뜻함입니다. 따뜻한 혁명은 사랑의 혁명입니다. 따뜻한 사랑은 딱딱한 모든 것을 녹이는(Melting), 새로운 창조입니다. 텅 빈 넉넉함으로-한몸짓기살림살이는 따뜻한 혁명=녹이는 혁명=사랑의 혁명(The melting Revolution)을 가능하게 합니다.

「한몸짓기살림살이–텅 빈 넉넉함으로」는 참삶의 흐름이며 우주살림살이의 길입니다. 배설작용이 그러합니다. 낳고 살다가 죽어가는 작용이 그러합니다. 텅 비움이 넉넉함의 비롯음(시작)이고, 참넉넉함이야말로 텅 비움의 출발입니다.

낳음이 넉넉한 시작이면, 죽음은 텅 비움의 출발입니다.*

* 一始無始一　一終無終一
한 알의 씨앗, 무릇 모든 씨앗은 하나입니다.
한 씨의 씨알, 무른 모든 씨알은 하나입니다.

## 5. 깨닫다와 깨어나다의 얼과 뜻

「깨닫다」는 「깨다+닫다」로 이루어진 말글입니다. 「깨닫다」는 "닫혀 있는 얼과 뜻, 꼴과 틀을 깨다" 입니다. "닫힘을 깨다" 입니다. "닫힌 모든 것을 열다 - 열리다 입니다. 닫음-닫힘은 막힘입니다. 막힘은 숨 막힘입니다. 숨 막힘-숨 막음은 죽음입니다. 죽임입니다.

「깨어나다」는 깨다+나다(낳다)입니다. 깨다는 "열다" 입니다. 「열다」는 비롯음-비롯됨-비롯함입니다. 「나다」는 "드러나다, 나타나다, 피어나다, 낳다" 입니다. 깨어나다는 "닫힌 나를 깨는 일(삶)" 입니다.

닫다-닫음-닫힘은 허수아비 꼴(Fashion, 偶像, 빈 꼴)입니다. 빈 꼴에 나를 틀 박혀=꼴 박아 놓음입니다. 씨알 없는 꼴 · 틀(Idle, Idol*)에 나를 끼어 놓음입니다.

＊ Idle - 빈, 무가치한, 알맹이 없는, 헛된, 아무 것도 안 하는, 일을 안 하는, 빈둥빈둥 거림, 할 일 없는…을 뜻합니다. 이러한 것이 우상(Idole)입니다.

「깨닫다, 깨어나다」는 닫음=닫힘을 깨는=여는 일입니다. 나를 깨고 나의 닫힘=닫힌 나를 깨는 일이야말로 「깨닫다」이고 「깨어나다」입니다. 다 얻음=온 얻음은 다 비움이고 온 비움입니다. 우주를 얻을 수 있음은 우주를 비움이니까요. 「깨닫다」는 닫힌 나를 깨고, 새롭게 텅 빈 나를 짓는 일입니다. 텅 빈 나야말로 넉넉한 우주인 나를 얻는 일입니다. 나를 우주로 다시 열림은 우주로 텅 비움에서 비롯됩니다.

> 깨다 – 열림 – 넉넉함 – 비움
> 닫다 – 막힘 – 모자람 – 가짐

「닫힌 나」는 모자란 나입니다. 「텅 빈」은 열림=넉넉함의 문(길)입니다.

「깨닫다」는 「깨다+다다르다(이르다)」입니다. "깨달음에 다다르다=이르다"이기 때문입니다. 깨달음에 이르는=다다르는 길은 깨는 일이고 깨는 길입니다. 숨막히게 하는 모든 장막을·장벽을·닫음을·막힘을 깨는 일입니다. 닫힌 마음을 열어 내는 일입니다. 열어 내는 일은 나를 우주로 열어 살아가는 일입니다. 텅 빈 넉넉함으로 살아가는 살림살이입니다.

「깨닫다」는 또 깨어나다+다다르다(이르다)입니다. 깨어나다는 잠에서 깨어나다" 입니다. 밤에 눈을 감고 잠을 자다 깨어–일어난다는 말이 아닙니다. 세상살이 모든 사슬=막힘, 지배와 독점, 쟁취와

착취, 수탈과 경쟁, 전쟁의 사슬−살해(죽임)의 사슬에 걸려 있는=묶여있는=가담해 있는=묶인 채로 살아가는=노예의 상태에서 일어난다는 뜻입니다.

「깨닫다」는 바로 눈을 뜸이요, 나를 되찾음이요, 우주인 나로 살아감입니다. 그래서 「깨닫다」와 「깨어나다」는 다름 아닌 '나'를 '나' 되게 함입니다. '나' 되지 못하게 하는 모든 사슬을 깨는 것입니다. 나 되지 못하게 하는 모든 의식에서 벗어나는 일입니다. 살다−살아가다, 깨닫다−깨어나다는 나를 나로=우주인 나(Cosmic Subject)로 살아가게 하는 깨달음 말글이며 그래서 바로 하늘말씀입니다.

「깨닫다」의 「깨다」는 살림(살리다)의 문화로 가는 길이며 「닫다」(가두다, 막다)는 죽임의 문화로부터 떨어지는 길입니다. 그렇기 때문에 「깨닫다」·「깨어나다」는 살림의 꽃을 피워내는 하늘말씀입니다. 하늘말씀은 우리에게 살림(구원)의 길을 열어주는−닦아나가게 하는 길잡이 말글인 것입니다.

「깨닫다」·「깨어나다」는 온 삶=살림살이를 말합니다. 온 삶=살림살이란 우주삶을 뜻하며, 텅 빈 넉넉함으로 우주 안에서 함께 살아가는 모든 목숨(생명) 앞에서 온 열림=온 살림(구원)을 살아간다는 말입니다. 닫힘이 죽음이라면 '깨어있음'이야말로 살아 있음입니다. 「깨닫다」와 「깨어나다」는 '살아 있다'를 뜻합니다. 「깨닫다」·「깨어나다」·「살아 있다」는 '사랑하다'를 말합니다. 「사랑하다」야말로 「깨닫다」·「깨어나다」의 지름길입니다.

사랑은 깨어 있음이며 깨달음이요, 깨어남입니다. 깨어 있는 사람만이 '사랑' 할 수 있기 때문입니다. '사랑' 은 살다+살리다의 주체로서 사람인 '선이=두 발로 땅을 딛고 하늘을 우러르는 사람' 의 삶=살림살이의 길입니다. 두 발로 땅을 튼튼히 밟고 설 수 있는 '선이' 는 살다와 살리다의 주체입니다.

「깨닫다」·「깨어나다」는 새로운 사람으로 태어남을 뜻합니다. '깨달음' 이란 새로운 사람으로 태어나, 우주 안에서 함께 살아가는 모든 목숨과 함께 잘 살고, 잘 살리는 삶=살림살이를 말합니다.

「새로운 사람으로 태어남」이란 원수 없는, 적이 없는, 빼앗김 없는, 쌓아둠 없는, 착취 없는, 수탈 없는, 전쟁 없는, 지배함도 지배당함도 없는, 가난도 부자도 없는, 닫힘 막힘 없는, 벽이 없는 고른 삶을 살아감을 뜻합니다. 바로 텅 빈 넉넉함으로 살아가는 사람의 태어남을 말합니다.

텅 빈 넉넉함으로 살아가고자 하는 사람에게만 「깨닫다」·「깨어나다」는 우리 모두를 살리는 하늘말씀이 될 것입니다.

제4부

텅 빈 넉넉함으로 : 몸의 아름다움

## 1. 아름다운 넋(영혼)이 깃드는 집
### – 살아 있음의 아름다움

몸은 꽃입니다. 몸은 아름다운 우주입니다. 몸은 아름다운 넋(영혼)이 깃들어야 하는 우주=집입니다. 그 집 안에는 잡귀신이 들어와 있어서는 아니 됩니다. 아름다운 사랑만이 깃들어 있어야 합니다. 아름다운 사랑은 우리네 몸을 아름다운 꽃으로 피어나게 합니다. 사랑의 깊이* 그만큼씩 우리네 몸은 그 깊이를 넓이로 높이로 피어나게 됩니다. 몸은 가장 아름다운 사랑의 집입니다. 몸은 텅 빈 넉넉함으로 가득 채워진 아름다운 집입니다. 살아 있는 몸은 아름다운 넋=영혼이 깃드는 집이 되어야 합니다.

텅 빈 넉넉함이란 살아 있음에 맛을 더 하는 것입니다. 살아 있음에 뜻을 더 하는 것입니다. 텅 빈 넉넉함이란 좋은 맛, 나에게 또한 너에게, 그리하여 우리 모두에게 좋은 맛을 내게 하는 것입니다. 맛나게 하는 것입니다. 맛좋게 하는 것입니다. 맛깔스럽게 하는 것입니다. 나에게 또한 너에게 그리하여 우리 모두에게 좋은 뜻이 되게

* 다사함(김명식) 올림글 묶음(시집), 『사랑의 깊이』, 2011(각).

하는 것입니다. 뜻 있는, 뜻이 좋은, 뜻 깊은 일이 되는 것입니다.

> 보기에 좋은 꼴 틀 짓기-꽃이 되어 넉넉하게,
> 듣기에 좋은 소리 내어-노래되어 곱디곱게
> 하기에 좋은 몸짓 짓기-몸짓 되어 품새 있게
> 맡기에 좋은 내음-내음 되어 온누리에 퍼져나게

　살아 있음의 아름다움(미학)은 꽃이 됨이고 아름다운 노래가 됨이요, 누가 보아도 아름다운 품새를 지님입니다. 좋은 내음이 되어 벌과 나비가 언제나 깃들어 단맛을 먹이로 삼아도 좋은, 꿀맛 나는 나를 지어감입니다.

　「꿀맛 나는 나」는 '살맛 나는 나' 이어야 합니다. 「깨닫는다」는 바로 살맛 나는 나를 지어 가야 하겠다는 '눈뜸'입니다. 잠에서 깨어나서 깨어 있는 살림살이를 두고 하는 말입니다.

　「살맛 나는 누리」는 넉넉하게 짓는 일이 펼쳐지며, 다름 아닌 살아 있음의 아름다움(미학-美學)이 꽃처럼 피어나는 누리입니다. 살맛 나는 누리는 언제나 나에게·너에게·온누리에, 말할 나위도 없이 먼저도·다음도·다다음도 없이 이제 여기에서 똑같이 아름다움을 짓는 일입니다.

　여기에서 「눈뜸」은 '깨달음'인데 그것은 귀뜸=귀열림이고, 입뜸=말뜸=입 열림이고, 코뜸=코열림이고, 맘뜸=마음이 열림이며 살과 피·뼈와 모든 살알갱이=세포의 열림입니다. 온몸이 열리는 것입니다. 그리하여 열린 우주=한울이 되는 것입니다.

살아 있음의 아름다움은 '아름다운 나'를 짓는 창조 행위이며, 문학·예술의 창작 행위입니다. 농사짓기도, 밥짓기도, 옷짓기도, 집짓기도, 사람짓기도, 글짓기도, 춤짓기도, 몸짓기도…. 이 모든 살아 있음의 행위(행동)=짓은 아름다운 삶−나를 지으려는 생득·본능적인 야생(野生)의 아름다운 충동(역동)입니다.

살아 있음은 그 자체가 아름다운−미학입니다. 살아 있음의 아름다움이야말로 우주의 아름다움이고 한울의 아름다움입니다. 살아 있는 우주란 아름다운 우주를 뜻합니다. 살아 있는 한울이란 아름다운 한울을 뜻합니다.

우리가 깨어 있지 못함은 아름답지 못함을 뜻합니다. 잠자지 않으면서도 졸고 있으며, 살아 있으면서도 죽어 있는, 살아 있는 송장=시체, 죽지 못해서 사는=죽지 않으니 살아 있는 삶이란 아름답지 못한 삶이 되어 버렸다는 뜻일 것입니다. "살아 있음은 아름답다"란 말은 '아름다움'이야말로 '살아 있음'이란 뜻입니다. '아름답다'의 얼과 뜻을 살펴보아도 그러합니다. 「알+음+다+ㅂ+다」입니다.

「알」: 내가 (「ㅇ」)+한울로(「ㄹ」)+열려 있다(「ㅏ」). 알은 목숨(生命)의 알입니다. 씨알입니다. 없어서는 아니 되는 씨입니다. 그 '알'이란 내가 바로 우주=한울로 열릴 때만 살아 있게 됩니다. 살아 계시는 씨=알만이 아름다운 것이며 목숨(生命)이 됩니다. 알은 목숨(生命)덩어리입니다.

「음」: "참(ㅁ)되다, 참이 되다, 참으로 쓰다, 참으로 쓰여지다, 참이 되는 겄" 입니다, 참됨이야말로 또한 아름다운 것입니다. "참으로 아름답다." 의 참은 곧 아름답다를 뜻합니다. 『참-(차다+채우다)』은 하늘로, 땅으로, 사람다운 사람으로 차다, 채우다" 의 이름씨입니다.

「답」: 「ㄷ+ㅏ+ㅂ」. "모두·다·모든· 온(ㄷ)은 "참빛(「ㅂ」)으로 빛난다. 모두 다 참빛이다. 참빛만이 다 온(ㄷ)은 이다를 뜻합니다.

「아름답다」는 내(씨, 알)가 한울됨이요, 내(씨, 알)가 참이 됨이고, 내(씨, 알)가 빛이 되어 한울참빛이 됨입니다. '아름답다' 는 그지없이=한없이 빛나는 아름다움을 뜻하는 말이고 글입니다.

## 2. '아름답다'의 그림

「아름답다」는 "'우리'(우주-한울) 모두 다 모든 것이 온(全)히 아름답다"는 뜻입니다. "나는 아름다운 존재=꽃이다"를 깨달은 것이 아름다운 살아 있음입니다. 가장 아름다운 살아 있음(존재)으로 피어나려면 하늘삶, 따앙삶, 그리고 사람다운 사람삶을 살아야 합니다.

1) 하늘삶=살림살이를 해야 합니다

「하늘삶」은 "하늘의 뜻대로 살아야 한다"는 뜻입니다. '하늘 뜻대로'라는 말은 '때와 철대로'라는 말입니다.

「하늘삶」은 "봄은 봄대로 산다. 여름은 여름대로 산다. 가을은 가을대로 산다. 겨울은 겨울대로 산다. 아침은 아침대로 산다. 낮은 낮대로 산다. 저녁은 저녁대로 산다. 밤은 밤대로 산다."입니다.

2) 따앙삶=살림살이를 해야 합니다

「따앙삶」은 따앙에서 나는 것만으로 삶을 살아가야 한다는 뜻입니다. 그래서 『부도지』(박재상 지음)에서는 지유(地乳)=따앙젖으로 살아야 한다고 말씀하신 것입니다.


3) 사람다운 사람의 삶=살림살이를 해야 합니다
사람다운 사람의 삶의 알맹이(핵심)는 '사랑'입니다. 「사랑」이란
"살다-살리다"의 살림살이입니다.
나도 잘 살고, 너도 잘 살고, 그래서 우리 모두가 다 잘 살고 잘
살라는 살림살이가 되어야 합니다.
하늘삶, 따앙삶, 그리고 사람다운 사람의 삶=살림살이를 우주=
한울 삶=살림살이라고 합니다. 한울=우주 삶이야말로 가장 '아름
다운 삶=살림살이'이기 때문입니다.

# 3. 쓰다와 쓰이다에 대하여

「쓰다」는 반드시 '쓰이다' 와 함께 쓰이는 짝말글입니다. 우리말 우리글=한글은 짝말글이기 때문입니다.

「쓰다」: 글을 쓰다. 잡은 것(도구, 그릇)을 부리다. 쓰다(맛이 쓰다). 쓰이다. 쓰이게 되다.

" '나' 는 '나' 를 '무엇' 으로 쓰는가?"가 알맹이=핵심입니다. 또 '어떻게' 쓰고, 쓰이고 있는가를 물어봐야 합니다. 언제, 어디에서, 왜, 어째서, 누가 나를 쓰는가를 물어봐야 합니다.

쓰는 '나' 와 쓰이는 '나' 는 도대체 누구인가? 쓰는 만큼, 쓰이는 만큼 '나' 는 값=가치가 생겨납니다. "언제 쓰는가-쓰이는가, 어떻게 쓰는가-쓰여지는가, 왜 나를 쓰는가-쓰이고 있는가" 에 따라서 '나' 는 '나' 가 됩니다.

## 1) 나는 누구인가?

" '나' 는 '나' 다."의 명증. '나' 는 '나' 를 어떻게 보고 생각(여기고)하며, 얼마나 값진=무게 있는 존재(나)로 보고 있는가? '나' 는 온 누리(우주)에서 유일한 존재입니다(天上天下唯我獨尊, 부처, 하나님의 독생자-

그리스도 예수). 나는 아무것도, 누구도 범접할 수 없는 하늘이 내려주신 바(「ㄱ」: 그대로의-그냥, 그대로, 그처럼, 그토록, 그저, 그답게, 그 되게, 그렇게 쓰다/쓰여지다-쓰이다)로 스스로 존중하고, 스스로 존중받아야 할 존재입니다.

나는 하나님의 유일한-독생자입니다. 유아독존자로, 독생자(獨生子)로 회복되어야 할 '나'를 찾아서 "오늘도 '나'는 이 길을 간다"여야 합니다. 나는 내가 나를 스스로 살아 있는 '나'(唯我獨尊者로, 獨生子)인 우주=한울로 인식되어야 합니다. 내가 나를 천상천하유아독존자이자 하나님의 독생자로 써야 합니다. 티 묻지 않게, 또 하늘·따앙·사람 앞에서 당당하게=한 점 부끄럼 없이 쓰고 쓰여야만 합니다.

다른 것이 '나'를 "이런 존재다, 저런 존재다"로 규정하는 그러한 짓거리 (자격증-박사학위-교수, 과학자, 시인, 예술가, 사제, 목사, 스님, 기술자) 따위에 연연하지 아니하는 '나'를 찾아내어야 합니다. '나'는 누구인가에 대한 당당한 대답을 지어내어야 합니다. '나'는 누구인가에 대한 대답을 하는 만큼 나는 나를 그만큼 쓰고 쓰여지기 마련입니다. 그렇게 '나'를 찾는 '언제, 어디서나, 누구에게나, 무엇을, 어떻게, 왜'에 대한 대답이 내려집니다.

누구나-내가 나를 나답게-당당하게, 언제나-나는 이제 나답게-당당하게, 어디서나-나는 여기에서 나답게-당당하게, 어떻게나-나는 나를 나답게-당당하게, 무엇이나-나는 나를 나답게-당당하게, 어째서나-왜나-나는 나이기에 나답게-당당하게

2) 「쓰다」와 「쓰이다」의 얼과 뜻

「쓰다」: 「ㅅ+ㅅ+ㅡ+다」입니다.

「ㅅ(시옷)」: 목숨, 숨, 살다+살리다=삶, 생명을 뜻합니다.

「ㅆ(겹시옷)」: 나의 목숨+너의 목숨은 한 목숨이다.

「ㅡ(으)」: 되다, 되어지다, 쓰다, 쓰이다.

「쓰다」는 "나는 너가 되고, 나의 목숨은 곧 너의 목숨이고, 너와 나의 목숨은 우리의 목숨으로 쓰여지다, 그리되다"를 뜻합니다. '한 목숨'을 뜻합니다. '한울=우주의 목숨'을 뜻합니다.

「쓰이다」는 "남이 나를 쓰다, 나는 다른 사람에 의하여 씀(쓰임)을 받는다"는 시킴꼴(사역)입니다.

「쓰이다」는 '쓰이게 되다'를 뜻합니다. 「쓰다」, 「쓰이다」의 그 바탕=밑의 얼과 뜻은 "나의 목숨과 너의 목숨이 '한몸짓기'로 우리 목숨=온 목숨으로 한울=우주 목숨으로 '쓰다', '쓰여지다'"를 뜻합니다.

「ㅅ(시옷)」은 「살다+살리다」의 알맹이 숨(목숨)입니다. 살다와 살리다는 삶으로써 구원자와 구원받는 자를 한몸으로 짓는 세상 구원의 핵심적인 척도(尺度)입니다.


나는 너를 살리다.

너는 나를 살리다.

너·나는 우리를 살리다.

우리는 나·너를 살리다.

위의 도식이 다름 아닌 한겨레의 구원관=메시아관, 그리스도관, 부처관, 도령관입니다. 우리 겨레의 구원관은 너·나가 따로가 아니라 우리로 구원되어야 하는 한울구원관입니다.

"죄 지은 놈 옆에 있다가는 벼락 맞는다" 입니다. 착한 사람 앞에 있으면 착하게 된다는 사실 증명입니다. "개똥밭에 굴러도 저승보다는 이승이 낫다" 는 구원관입니다.

그래서 「살다」는 「살리다」의 짝말글입니다. "나만 잘살다" 는 없고, "너만 잘살다" 도 없는, "우리가 모두 잘 살다" 만 있습니다. 그것이 '살리다' 입니다. 그래서 쓰이기만을 바라는 사람은 '술=기술' 에 빠지게 되고, '잘 쓰다' 만을 바라는 사람은 홀로에 떨어집니다.

「쓰다」와 「쓰이다」는 짝말글이기 때문에, 나도 잘 쓰고, 너도 잘 쓰이는 우리 모두가 잘 쓰고 잘 쓰이는 누리를 지어 나가야 합니다. 때문에 '나' 는 어디에서 쓰이고 있느냐가 아주 중요합니다. 앉을 자리와 누울 자리를 잘 보아가면서 몸을 부려 놓아야 합니다.

언제 나를 쓰이게 할 것인가? 때와 철의 문제입니다. 때도 모르고 철도 모르면 때이른 늦은 또는 때아닌 때가 되고 때늦은 일이 생깁니다. 철도 모르는 철없는 사람이 되어서도 아니 되겠지요.

나는 때에 따라서 알맞게 쓰여지고 있는가를 물어보아야 합니다. 철따라 때에 알맞게 피어나고 있는지를 물어보아야 합니다. 때와 철에 맞지 않는 과일-열매는 제 때와 제 철을 잊어-잃어버렸다는 뜻입니다. 그러한 열매는 옳게 쓰이지가 않을 것이 뻔한 일입니다. 어떻게, 왜 쓰이는지를 물어봐야 합니다. 쓰이는 까닭(이유) 말입니다.

돈도 그리하며, 때와 곳=철과 자리도 그러합니다. 몸도 그러하고 말도 글도 그러하며, 나도 그리하니 얼과 뜻도 그러합니다.

'언제, 어디에서, 누가, 무엇을, 어떻게, 왜'를 물어야 합니다. 특히 나는 '나'를 무엇으로 쓰고 있는지? 다른 사람-이웃은 「나」를 무엇으로 쓰고 있는지를 따져봐야 합니다. 그래서 똥인지 된장인지 찍어 먹어봐야 하느냐고 묻는 것입니다.

### 3) 「쓰다」, 「쓰이다」의 무게=값어치(가치)

내가 '나'를 쓸 때 어떠한 무게=값어치=가치로 쓰고 있는지? 쓰이고 있는지 깊게 관찰·성찰·통찰해 봐야 합니다.

'나'는 가장 귀한 '우주=한울'의 값어치=가치가 있습니다. 나를 그렇게 우주=한울의 값어치로 쓰고, 그렇게 쓰여야 합니다. 그만큼 한울 값어치를 두고 있지 않을 때, 거기에는 '나'를 부려 놓아서는 결코 아니 됩니다. 나를 쓸 때, 또는 쓰일 때는 내 자리매김, 내 몸의 값어치, 나의 때와 철매김, 우주=한울의 무게=값어치=가치매김이 있어야 합니다.

"나를 쓰다"와 "내가 쓰이다"는 바로 내가 대답해야 할 일입니다. 그 씀과 쓰임의 무게=값어치=가치매김에 대해서 스스로 대답해야 한다는 말입니다. 나의 무게=값어치=가치는 내가 씀·쓰임의 척도(尺度)입니다. '나'를 우주적 한울 무게=값어치=가치로 쓰고, 쓰일 때 텅 빈 넉넉함은 꽃처럼 피어나고, 알차게 열매 맺게 될 것입니다.

나를 「쓰다, 쓰이다」는 내가 잘 살고 있는 주체이냐, 아니면 잘 살고 있지 못한 얼간이냐 하는 물음에 대한 대답입니다. 또한 '나를 쓰다'와 '내가 쓰이다'는 내가 잘 살리고 있느냐 그렇지 못하느냐에 대한 대답이기도 합니다.

「쓰다」와 「쓰이다」의 무게=값어치=가치는 바로 "내가 잘 살고 있느냐, 내가 다른 나를 잘 살리고 있느냐"에 대한 대답입니다. 「쓰다」와 「쓰이다」의 무게=값어치(가치)는 나의 「쓰다」와 「쓰이다」의 우주=한울 값어치입니다.


4) 「쓰다」와 「쓰이다」의 지평 – 어떻게 나를 쓰고, 내가 쓰여지는가?

「쓰다」와 「쓰이다」는 "내가 나를 쓰고, 내가 무엇으로 쓰이다·쓰여지다는 나의 몸=목숨을 쓰고, 나의 몸과 목숨이 쓰인다는 말입니다. 나는 어떻게 나를 쓰고, 나는 쓰이고 있는가 하는 것은 커다란 문제=과제입니다.

나를 쓸 때, '얼마'라는 경제적 가치로 쓰일 때는 '내'가 하나의 사고 팔리는 상품이 되고 맙니다. 나는 결코 팔고 팔리는 거래대상–상품이 되어서는 아니 됩니다. 나는 절대적인 우주=한울이라는 '무게=값어치=가치'를 지니고 있기 때문에, 팔아서도 아니 되며, 팔려서도 아니 됩니다.

「쓰다」와 「쓰이다」의 얼과 뜻으로 '나'를 평가해 보면 나는 결코 상품이 아닙니다. 나는 절대적인 가치(값어치)가 있는 우주=한울입니다. 우주=한울은 결코 거래할 수 없는 존재이기 때문입니다. 모든 것이 다 팔고 팔리는 세상=상품화 된 세상에서 쓰다·쓰이다는 우주의 무게=값어치=한울 값어치대로 쓰고 쓰여야 하는 것입니다. 이러한 누리를 짓는 살림살이로서만이 인간중심적인 자본주의의 사회주의의 값어치를 넘어설 수가 있는 것입니다.

이제 땅도 하늘도, 산도 바다도, 꽃도 나무도…, 짐승도 벌레도, 사람과 그 장기(창자, 폐, 간, 염통… 모든 몸의 기관…, 시체까지도)까지도 상품이 되고 말았습니다. 참으로 슬픈 일입니다.

「쓰다」와 「쓰이다」의 지평 – 어떻게 나를 쓰고 내가 쓰여질 것인가는 내가 나의 절대적 무게=값어치=가치를 어떻게 매기는가 하는 물음입니다. "나를 우주=한울로 보는가, 한갓 상품으로 보는가?"는 아무도 나 대신 대답할 수 없는 나의 숙제이며, 절대적인 답(대답)을 요구하는 가치 물음입니다.

인간중심주의적 값어치=가치인 자본주의 – 사회주의나 종교적 가치를 넘어서 우주=한울 중심적인 값어치=가치를 내가 지니고 지켜 나갈 때만 대답할 수 있는 것입니다. 상품화된 노동자는 노예이지 참으로 나를 우주=한울로 짓는 몸이 아닙니다.

하루 8시간 노동도 궁극적으로는 나를 한갓된 돈 얼마인 상품으로 팔아넘기는 상품임에는 틀림없는 사실입니다. 이제 우리는 분명하고 당당하게 결코 팔거나 팔려 나가지 않는 삶의 구조=틀을 새롭게 창출해 내어야 합니다.

「쓰다」와 「쓰이다」의 지평은 자급자족할 수 있는 나를 새로 탄생시키는 데서만 가능한 일입니다. 자급자족의 살림살이야말로 나를 나된 주인으로 쓸 수 있으며, 쓰일 수 있는 길입니다.

「자급자족」은 내가 나를 짓는 경작(Cultivation-Culture)입니다. 자급자족이야말로 나·너·우리의 참삶=살림살이의 길이며, 가정·사회·마을·나라·세계·온누리를 살리는 우주=한울 살림살이의 길입니다. 「자급자족」의 길을 따르지 않는 한 '쓰다·쓰이다'는 나를 상품으로 쓰게 됩니다. 상품으로 떨어지고 말 것은 불을 보듯이 뻔한 일입니다. 상품으로 쓰이는 경우 우리는 다시 일어서서 살아나올 수 없는 깊은 수렁=늪으로 떨어지고 말 것입니다.

나눔과 팔고 팔림은 다른 차원의 살림살이 방식입니다. 나눔은 텅 빈 넉넉함으로 가는 우주의 가치이며 한울 살림살의 값어치=가치입니다. 나눔이야말로 나를 텅 비게 하는 길입니다. 그리하여 나눔은 나를 한울=우주로 가득 채움=참입니다.

보리떡 다섯 개와 물고기 두 마리는 있음=가짐입니다. 내가 가지고 있는 모든 것, 전부=몽땅입니다. 이것을 모두 나누었더니=텅 비웠더니 모두를 배부르게, 넉넉하게 했다는 이야기입니다. 열 사람이 한 술씩 텅 비우면 아무것도 없었던 밥상이 가득 차고 넘쳐 모두가 넉넉하게 된다는 이야기가 있습니다. 십시일반의 법칙, 오병이어의 법칙이야말로 텅 빈 넉넉함의 법칙입니다.

나눔은 넉넉함을 낳고, 팔고 팔림은 더욱 가난함과 쟁투를 낳게 됩니다(다사함 한몸짓기살림살이 어록).

## 5) 「쓰다」와 「쓰이다」의 아름다움(미학)을 찾아서

내가 나를 가장 잘 쓰고, 가장 잘 쓰이는=쓰이는 일은 어떻게 가능한가? 가장 아름답게 쓰고, 가장 아름답게 쓰임은 어떻게 이루어지게 되는가?

가장 아름답게 쓰고 쓰인다는 것은 바로 하늘과 따양·사람 앞에서 거리낌 없는, 탈 없는, 탓 없는, 그리하여 한 점 부끄럼 없는 씀, 쓰임일 것입니다. 가장 아름다운 씀·쓰임은 다름 아닌 내가 가장 아름다운 몸으로 피어나는 것입니다. "아름답다는 깨끗하다, 맑다, 밝다, 환하다, 티 묻지 않다, 때 묻지 않다, 부끄럼 없다(불의 그을음 없다, 불이 꺼진 상태 없다)" 입니다.

나를 가장 아름답게 쓰고, 내가 가장 아름답게 쓰이려면, 쓰고 쓰이는 주체인 '나' 가 가장 아름다워야 합니다. 상품으로 전락한 나는 피할 수 없이 거래되고 흥정되게 마련입니다. 나의 무게=값어치=가치를 다른 사람이 반드시 값어치=가치 매김을 하게 됩니다.

상품은 다른 사람에 의해서 가치 평가를 받기 때문에 티=때가 묻게 마련입니다. 「쓰다」와 「쓰이다」의 미학=아름다움은 바로 아무도 무엇으로도 가치=값어치 매김=평가할 수 없는 절대적인 나=우주=한울로 살아가는 그 길뿐입니다. 내가 스스로 천상천하유아독존으로, 하나님의 유일한 독생자·도령·그리스도·부처로 살아가야 합니다. 이것이 바로 '자급자족' 의 주체인 도령의 미학입니다. 부처·그리스도·천상천하유아독존의 미학이며, 하나님의 유일한 아들(사람)인 독생자(아들이나 딸 모두)의 미학입니다.

이내 몸=나를 쓰고 내가 쓰여짐에 있어서 상품으로 떨어지는 흥정 따위가 끼어들어 올 수 없는 독존=독생자의 몸으로 자기 자신을 세워 나가야 합니다. 자기 자신을 우주=한울로 아름답게 피어나게 해야 합니다. 열매 맺게 해야 합니다. 「쓰다」와 「쓰이다」의 미학=아름다움을 찾아서 나를 텅 빈 넉넉함으로 엮어갈 때만 나는 우주=한울로 활짝 열리게 될 것입니다.

"참빛인 나"가 되는 것이 '빈(비다)' 입니다. 넉넉함(넉넉하다)은 "비어 있는 데가 없다. 빈자리가 없다. 빈곳이 없다. 빈 몸이 없다." 입니다. 「넉넉함」의 「넉」은 「ㄴ+ㅓ+ㄱ」입니다. "「ㄴ(니은)」=나(내)가 「ㅓ(어)」=얻다. 「ㄱ(기역)」=하늘이 내려주신 바 그대로·그냥·그처럼·그토록·그저·그답게·그되게·그렇게 살림살이하다(살다+살리다)"를 뜻합니다.

「넉넉함(넉넉하다)」은 "나(내=「ㄴ」)가 하늘이 내려주신 바 그대로 살다=살리다"를 뜻합니다.

「텅 빈 넉넉함」은 "하늘로·땅앙으로·사람다운 사람으로 살아가는 나로서, 하늘이 내려주신 바 그대로 살아가는, 더불어 함께 살아가는 제물(자연)살림살이"를 뜻합니다.

텅 빈 넉넉함은 하늘모심입니다. 땅앙 모심입니다. 사람다운 사람 모심입니다. 「모심」(모시다-「몸의 나라 하늘말씀」 24)은 "참과 목숨이 참목숨이 되어 참을 다 이루고, 그 참에 다다르다, 그 참을 이어나가고, 그 참이 살아 움직이고 있으며, 드디어는 참이다=참되다"를 뜻합니다. 텅비움으로써 참으로 차고 넘침이야말로 텅 빈 넉넉함입니다. 텅 빈 넉넉함은 우리네 살아 있음의 값이고 몫입니다. 살아 있음의 값이고 몫이란 바로 내가 하늘이 되는 일입니다. 하늘이 되는 삶입니다. 살림살이입니다,

'한울이 된다'는 말은 하늘 나, 땅 나, 사람 나로 열리고 언제나 한울(님)=하나님이 되고 하나님으로 쓰이는 것을 말합니다.

'하늘이 된다' 함은 텅 빈 하늘로 넉넉한 하늘로 살아 있는 것을 말합니다. '땅이 된다' 함은 텅 빈 따앙으로 넉넉한 따앙으로 살아 있는 것을 말합니다. 「사람다운 사람이 된다」는 것은 바로 텅 빈 사람으로 넉넉한 사람이 되는 것, 그러한 사람으로 쓰이는 것을 말합니다.

하늘 모심자리가 바로 이 몸입니다. 따앙 모심자리가 바로 이 몸입니다. 사람다운 사람모심 자리가 다름 아닌 이 몸입니다.

하늘은 나입니다. 나로 텅 비게 하고 하늘로 넉넉하게 함이 바로 텅 빈 넉넉함입니다. 따앙은 나입니다. 나로 텅 비게 하고 따앙으로 넉넉하게 함이 다름 아닌 텅 빈 넉넉함입니다. 사람다운 사람은 나입니다. 나로 텅 비게 하고 사람다운 사람으로 넉넉하게 함이 바로 텅 빈 넉넉함입니다.

텅 빈 넉넉함은 하늘의 뜻이고 따앙의 꼴이며 사람의 사랑입니다. 뜻(「ㅇ」), 꼴(「ㅁ」), 숨=사랑(「△」)이 사람이 될 때, 다 이루어지는 것입니다. 텅 빈 넉넉함은 한몸짓기살림살이(Onecarnation)로 되고 열매 맺게 됩니다. 하늘·따앙·사람(天地人-圓方角)으로 모든 몸들은 꽃이어야 하고 열매여야 함을 저희들에게 가르쳐 주고 있는 것입니

다.

텅 빈 넉넉함으로 살아간다는 것은 바로 온자리=하늘이 주신 그 자리(「ㄱ」)에서 나의 삶을 한울 삶으로 새롭게 태어나게 해야 한다는 뜻입니다. 온자리=하늘이 내려주신 그 자리(원점=復=地)를 잃어버렸다는 것은 바로 자기가 난 그 자리를 잃어버렸다는 것입니다. 텅 빈 넉넉함으로 살아가겠다는 마음 다짐은 제 자리로 돌아가 나를 새롭게 태어나게 하겠다는 새 창조의 원리를 말하는 것입니다.

마고가 제자리이고, 도령이 제자리이고, 부처(빛의 나라)가 제자리이며, 마리아가 제자리이고, 예수 그리스도가 제자리라는 것은 원점을 가르쳐주는 상징의 말입니다.

"나는 하늘이다(人乃天)"는 하늘이야말로 나이고 이제부터 나는 하늘답게 살아가겠다는 자기선언=새로운 탄생의 선포입니다. "나는 미륵이다", "나는 그리스도다", "나는 하나님의 아들이다", "나는 천상천하유아독존이다"라는 모든 말글은 새롭게 태어난 나를 선포하는 말글입니다. 텅 빈 넉넉함으로 살아가는 바탕은 다음과 같습니다.

텅 빈 넉넉함으로 살아가는 바탕은 첫째, 하늘바탕으로서, 빛의 바탕으로 따스함·밝음·자라나게 하는 것입니다. 한울숨(공기)의 바탕으로 살아 있게 하는 것입니다. 둘째, 따양바탕으로서 물의 바탕이며, 흙의 바탕으로 살의 바탕, 피의 바탕, 뼈의 바탕입니다. 셋째, 사람바탕으로서 사랑의 바탕이며 살림의 바탕입니다. 따스한 품의 바탕이며, 어루만짐의 바탕이며 쓰다듬음과 속삭임의 바탕입니다. 따뜻한 혁명=사랑의 바탕입니다.

한울=하나님 짓는 일함으로 살아도 좋은 살림살이입니다. 참으로 산다함은, 참으로 일한다 함은 이제 여기에서 함께 숨 쉬고 일하며 더불어 살아가면서 밥 함께 짓고, 옷 함께 짓고, 집 함께 지으며 살아가는 일이며, 그것은 우주인 내가 하나님 짓는 일인 것입니다. 함께 사시는 사람이 하나님이기 때문입니다.

함께 기뻐 즐거워하고, 함께 슬퍼 울부짖고, 함께 고른 삶=살림살이 지어 가면서, 오늘을 힘겹게 일하며 살아가는 그 사람이 곧 이제 여기에서 살아 있는 한울=하나님입니다. 그 일이 다름 아닌 한울=하나님 짓는 일이겠지요. 이제 여기에서 모두 다 제자리로 돌아가는 것이야말로 한울=하나님의 자리로 돌아가는 삶입니다. 한울=하나님으로 돌아가 한울=하나님이 되는 삶, 그 살림살이야말로 한울짓기=하나님짓기=한몸짓기살림살이(Onecarnation)입니다.

부처님짓기는 부처님됨입니다. 부처님함입니다. 부처삶입니다.

도령님짓기는 도령님됨입니다. 도령님함입니다. 도령삶입니다.

예수님짓기는 예수님됨입니다. 예수님함입니다. 예수삶입니다.

그리스도짓기는 그리스도됨입니다. 그리스도함입니다. 그리스도삶입니다.

알라, 와칸탕카됨입니다. 알라함, 와칸탕카함입니다. 알라삶, 와칸탕카삶입니다.

우리는 모두 다 한울=하나님 되려고 살아가고 있는 것입니다. 나무랄 것 하나도 없는 텅 빈 넉넉함으로 한몸짓기살림살이를 해

나가고 있는 것은 한울=하나님 짓는 일입니다. 바로 이러한 믿음으로 하루하루 살아나감이 바로 한울=하나님 짓는 일인 텅 빈 넉넉함이 되기 때문입니다.

참 빛으로 나를 이루면 내가 참 빛이 되면 넉넉함이 된다는 것입니다. 「넉」=「ㄴ+ㅓ+ㄱ」: "'나'(너)는 「ㄴ」(땅의 사람들이, 땅(흙)에서 낳은 것들이) 「ㄱ」(하늘이 내려 주신 바의 것, 그대로의 것, 그냥의 것, 그처럼, 그토록, 그저, 그답게, 그되게, 그렇게 된 바의 것)을 얻어서(「ㅓ」)를 하늘로 차고, 채우다. 따앙으로 차고 채우다. 사람다운 사람으로 차고 채우다."의 뜻입니다.

하늘은 참 얼과 참 뜻이며 참 넋이고 참 목숨입니다. 몸은 하늘이기 때문입니다. 따앙은 참의 꼴이고 틀입니다. 참 꼴이고 참 틀입니다. 꼴이 무너지면 하늘이 무너집니다. 틀이 헝클어지면 하늘은 헝클어지게 마련입니다. 사람은 참의 일이고 참의 함입니다. 참 일이고 참 함입니다. 「삶」은 「살다+살리다, 알다+알리다, 일하다+일하게 하다」로서, 참삶은 하늘을 살고 살리며, 하늘을 알고 알리며, 하늘 일을 하고 하게 하는 것입니다.

참삶은 나를 채우는 만큼 다른 사람을 채워 주어야 합니다. 하늘은 참이기 때문입니다. 하늘은 채움이기 때문입니다.

참삶은 나의 꼴을 지음입니다. 나의 틀을 짜나감입니다. 마찬가지로 너의 꼴을 짓고, 너의 틀을 짜나아가야 합니다. 참의 기준이기 때문입니다. 참삶은 내가 받는 사랑만큼 다른 사람도 사랑받게 해야 합니다. 참삶은 참사람이 되는 기준이기 때문입니다.

참 살림의 뜻은 바로 나와 너가 우리로 똑같은 살림살이가 되어야 하는 삶을 뜻합니다.

'나만 잘 산다'는 있을 수 없습니다. '너만 잘 산다'도 있을 수 없습니다. '우리 한나'로, '우리 한너'로 똑같이 살아갈 수 있어야 합니다. 하늘과 따앙, 사람다운 사람은 누구에게나 더/덜 없이 평등하기 때문입니다. 높낮이 없이 평화스럽기 때문입니다.

참 살림의 길은 평등, 평화한 조화와 균형 잡힌 삶을 뜻합니다.

참이 없는 삶은 허깨비입니다. 우상입니다.

삶이 없는 참은 뜻 없음입니다. 무의미입니다.

뜻이 없는 삶은 끊어짐입니다. 단절입니다.

꼴이 없는, 틀이 없는 삶은 허물어짐입니다.

숨이 없는 삶은 죽은 삶입니다. 붕괴입니다. 사망입니다.

참 살림은 하늘인 나·너·우리를 살리는 삶입니다. 참 살림은 땅인 나·너·우리를 살리는 삶입니다. 참 살림은 사람다운 사람인 나·너·우리를 살리는 삶입니다. 참 살림은 구원입니다. 참 살림은 희망입니다. 참으로 희망 넘치는 삶입니다.

## 3. 텅 빈 넉넉함으로

### ─참삶의 길을 참 함의 길로

#### 1) 참삶의 길 ─ 참일 함의 길

참삶의 길은 참일 함의 길입니다. 참일 함이 참삶입니다. 참일 함
이 참살림살이입니다.

참삶은 기준이 있어야 합니다. 참일 함도 마찬가지입니다. 참삶
의 기준을 찾는 게 무엇보다도 값어치 있는 일입니다. 참일 함의 기
준을 찾는 것이 잘 살아가는 일이겠지요. 참삶은 참살림입니다. 참
살림이 참일 함입니다.

참삶의 길은 목숨을 거는 길입니다. 참사랑도 목숨을 거는 일입
니다. 목숨을 걸지 않은 일은 장난이거나 유희입니다. 「목숨을 건
다」는 것은 목숨이 끊어질 때까지 그 일에 온힘을 쏟는다는 것입니
다. 목숨을 걸지 않은 길은 가지 말아야 합니다. 그것은 길이 아니
기 때문입니다. "길이 아니면 가지를 말라"와 같은 뜻입니다. 길은
뜻을 말합니다. 하늘·따앙·사람다운 사람의 뜻이 아닌, 거짓으
로·장난으로는 살지 말라는 뜻입니다. 참삶의 길은 처음이고 마지
막 길입니다.(一始無始一, 一終無終一)

「참」은 '차다, 채우다' 입니다. 무엇으로 차고 무엇을 채우는가.

"하늘로 차다·채우다. 따앙으로/을 차고 채우다."입니다. 사람다운 사람으로/을 차고 채우다. 하늘은 참얼과 참뜻이며 참넋이고 참목숨입니다. 몸은 하늘이기 때문입니다.

따앙은 참의 꼴이고 틀입니다. 참꼴이고 참틀입니다. 꼴이 무너지면 하늘이 무너집니다. 틀이 헝클어지면 하늘은 헝클어지게 마련입니다. 사람은 참의 일이고 참의 함, 참삶입니다. 참삶은 참일이고 참 함입니다.

「삶」은 「살다+살리다, 알다+알리다, 일하다+일하게 하다」입니다. 참삶은 하늘을 살고 살리며, 하늘을 알고 알리며, 하늘일을 하고 하늘일을 하게 함입니다. 참삶은 하늘· 따앙·사람다운 사람으로 나를 채우는 만큼 다른 사람을 그렇게 채워주어야 합니다. 하늘은 참이기 때문입니다. 하늘은 채움이기 때문입니다.

참삶은 나의 꼴을 지음입니다. 나의 틀을 짜나감입니다. 마찬가지로 너의 꼴을 짓고, 너의 틀을 짜 나가야 합니다. 참의 기준이기 때문입니다. 참삶은 내가 받는 사랑만큼, 다른 사람도 사랑받게 해야 합니다. 참삶은 참사람이 되는 기준이기 때문입니다. 참삶의 길은 바로 나와 너가 우리로 똑같은 살림살이가 되어야 하는 삶을 뜻합니다.

"나만 잘 산다"는 있을 수 없습니다. "너만 잘 산다"도 있을 수 없습니다.

우리 한나로 우리 한너로 똑같이 살아갈 수 있어야 합니다. 하늘과 따앙, 사람다운 사람은 누구에게 더덜없이·평등하기 때문입니다. 높낮이 없이 평화스럽기 때문입니다. 참삶의 길은 평등·평화한 조화와 균형 잡힌 삶을 뜻합니다.

참이 없는 삶은 허깨비입니다. 우상입니다.
삶이 없는 참은 뜻없음입니다. 무의미입니다.
뜻이 없는 삶은 끊어짐입니다. 단절입니다.
꼴이 없는(-틀이 없는) 삶은 허물어짐입니다. 붕괴입니다.
숨이 없는 삶은 죽은 삶입니다. 사망입니다.

참삶은 하늘인 나·너·우리를 살리는 삶입니다. 참삶은 따양인 나·너·우리를 살리는 삶입니다. 참삶은 사람다운 사람인 나·너·우리를 살리는 삶입니다. 참삶은 구원입니다. 참삶은 희망입니다. 참으로 희망 넘치는 삶이 참삶입니다.

### 2) 참일(함)의 길을 걸으며

일(함)이나 길은 같은 뜻입니다. 일은 한울의 뜻을 따른 것입니다. 내가 한울의 뜻대로 살아간다는 말입니다. 길도 한울의 뜻대로 살아간다는 뜻입니다. 참일은 참길입니다. 참으로 일한다 함은 내가 따양의 꼴대로, 틀대로 살아간다는 뜻입니다. 따양은 모든 목숨(생명)을 살리는 어머니입니다. 참일 함은 참 어머니가 되는 삶입니다. 참 어머니의 일이야말로 대지(大地)의 일입니다.

참일 함은 모든 목숨을, 씨앗이란 모든 씨앗을 품어 싹트게 하고,

움 돋게 하며, 눈 나게 함으로써 줄기와 가지를 뻗어 잎이 무성하게 하며, 드디어는 아름다운 꽃을 피우게 하며, 알찬 열매를 맺게 하는 것입니다. 참일 함은 참삶의 마지막 꼴로서 열매 맺게 하는 살림의 길입니다.

참일 함은 참 살림입니다. 하늘을 살리는 일, 따앙을 살리는 일, 사람을 살리는 일이 바로 참일 함입니다. 하늘을 살리는 일은 하늘의 뜻대로 사는 일입니다. 하늘의 뜻은 인간중심이 아니라 한울-우주 중심으로 살아가는 것을 말합니다.

하늘의 뜻은 하늘이 내려 주신 바 그대로, 그냥, 그처럼, 그토록, 그저, 그답게, 그되게, 그렇게 살아가는 살림살이를 뜻합니다. 따앙을 살리는 일은 따앙의 꼴대로, 따앙의 틀대로 살아가는 살림살이를 말합니다. 따앙의 꼴이나 틀을 인간중심적으로 바꾸어서는 아니 됩니다. 꼴이나 틀은 그릇입니다. 따앙은 하늘을 받는-모시는 그릇-거룩한 집(성전)입니다.

하늘을 모시는 집은 하늘을 모시는 몸을 말합니다. 몸은 몸대로 지켜져야 합니다. 깨끗해야 합니다. 아름다워야 합니다. 섞여 있어서는 아니됩니다. 투명해야 합니다. 따앙은 어머니의 몸입니다. 따앙을 살리는 참일은 어머니를 살리는 일입니다. 참다운 어머니로 살아가게 하는 일이 다름아닌 따앙을 살리는 참일 함인 것입니다.

사람을 살리는 일은 숨을 살리는 일입니다. 모든 목숨을 살리는 일입니다. 들숨을 살리고 날숨을 살려서 한울숨으로 쉴 수 있도록 하는 것입니다. 사람을 살리는 일은 모든 사람을 아낌없이, 조건

없이 사랑하는 일입니다. 사람을 살리는 일은 비롯음의 사람을 사랑하는 일입니다. 맨 처음의 사람을 사랑하는 일입니다. 국적이나 종교, 정치, 경제, 문화, 문명, 언어, 피부의 색깔을 넘어서 하늘이 내려주신 바 그대로의 사람을 사랑하는 일입니다.

「살리다(살림)」는 죽임의 사슬에서 벗어나게 하는 참일 함입니다. 착취와 독점, 갈취와 독재, 빈곤인 가난에서 벗어나게 하는 참일 함입니다. 살림은 참일 함의 척도(기준)입니다.

참일 함의 길은 바로 하늘·따앙·사람을 살리는 길입니다. 참일 함의 길은 참삶의 뜻대로 살아가는 길입니다. 참삶은 참일 함입니다. 참삶과 참일 함의 길은 바로 살림의 길입니다.

텅 빈 넉넉함으로의 길은 제물(자연)의 길입니다. 하늘의 길이고 따앙의 길이며 사람다운 사람의 길입니다. 텅 빈 넉넉함으로 살아간다는 것은 해의 살림살이이고, 달의 살림살이며 모든 별들의 살림살이입니다.

흙이 텅 빈 넉넉함으로 살아갑니다.

물이 텅 빈 넉넉함으로 살아갑니다.

다 주고, 다 받습니다.

바다가 그러합니다.

밥이 그러하고 쌀이 그러합니다.

모든 씨알이 그러합니다.

다 풀린 살림살이로 다 주고, 다 받음이 텅 빈 넉넉함입니다.

풀이 그러합니다.

나무가 그러합니다.

어머니가 그러합니다.

어머니는 텅 빈 넉넉함의 본보기입니다.

텅 빈 넉넉함으로 살아감은 땔감이 다 비우고, 온몸 다 태우면서 온 방안을, 우리들의 온몸을 따뜻하게 함과 같습니다. 촛불이 제 몸 다 태워, 비우면서 온누리에 넉넉한 빛을 비춤과 같습니다.

사랑이 그러합니다. 온몸 다 주심으로.

그리움이 그러합니다. 온 마음 다 베풀어서.

밤이 그러하고, 낮이 그러합니다. 들녘에서, 골짜기에서, 산에서 살아가는 꽃이란 모든 꽃들은 그야말로 텅 빈 넉넉함으로 사시는 사람들의 본보기입니다.

텅 빈 넉넉함으로 살아감은 우리 모두를 제 자리로 이끄는 지름길입니다.

우리 모두를 제물, 자연으로 이끄는 착한 길잡이입니다.

텅 빈 넉넉함으로 사시는 모든 사람들은 행복하여라! 그대가 그리는 그 나라를 짓게 되리니…. 그 나라에서 온 이웃들과 더불어 함께 사랑함으로 고른 삶, 평화를 누리게 되리라.

한울은 우리들에게 텅 빈 넉넉함으로 살으시는 뜻이며, 꼴이며 틀이고, 살림의 길입니다. 하늘이 그러하듯이, 따앙이 그러하듯이, 사람이, 모든 사람들이 그러합니다.

물 한 방울이 텅 빈 넉넉함으로, 씨 한 알이 텅 빈 넉넉함으로, 흙 한 알이 텅 빈 넉넉함으로, 돌·모래·풀잎 하나·나뭇가지 하나,

논이며 밭, 한 줄의 빛줄기가…. 제물(자연)은 우리 모두에게 제자리의 텅 빈 넉넉함으로 살아가라는 손짓이며 거룩한 말씀이고 한없는 가르침입니다. 큰 배움터입니다.

텅 빈 넉넉함은 우리의 목숨(생명-生命)을 목숨답게 살아가면서 활짝 피어나게 하는 꽃의 길이며, 열매 맺게 하시는 열매의 길이며, 드디어는 이 따앙에서 살아가는 우리 모두를 하늘로 이끄시는 살림살이(구원)의 길잡이십니다.

텅 빈 넉넉함으로 우리가 그토록 그리는 참삶의 뜻은 이루어집니다. 텅 빈 넉넉함으로 우리가 힘차게 그리는 참 함, 참일의 얼은 피어날 것입니다.

우리들 모두 한 사람 한 사람이 이제 여기에서 텅 빈 넉넉함으로 살아갈 때, 그때에만 우리네 살림살이는 살맛 나는 행복, 그리운 즐거움, 가득찬 사랑, 넘치는 아름다운, 넘치는 평화가 가람(강물)처럼 온 누리에 넘실거릴 것입니다. 한없이 한없이 그러할 것입니다.

텅 빈 넉넉함은 21세기 우리 모두에게 희망의 길이 될 것입니다. 21세기 희망은 바로 자연수행의 길로 떠나는(Exodus) 일이어야 할 것입니다.

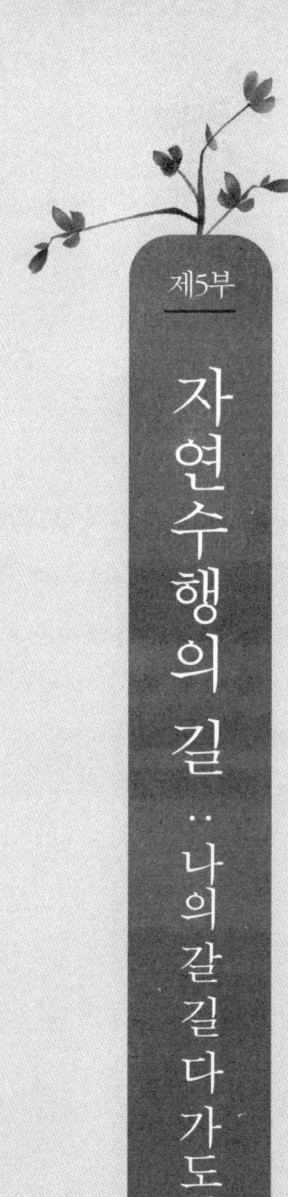

# 제5부

자연수행의 길 : 나의 갈 길 다 가도록

## 1. 자연수행 - 그 바탕

21세기를 살아가는 우리는 목숨(생명) 없는 전자 - 영상 - 가상 속에서 망상·상상의 삶을 살아가는 기계의 한 부속품이 되고 말았습니다. 21세기는 바로 살림의 세기로 그 틀을 바꾸어 나가느냐, 아니면 죽임의 세기로 이어나갈 것이냐를 가름하는 세기입니다.

살림의 세기를 만들어 나가려면 죽임의 세기를 넘어서 죽임의 문화와 문명의 사슬에서 벗어나야(Exodus)만 합니다.

21세기 죽임의 사슬에서 벗어나 살림의 세기를 만들어 나갈 수 있는 길이 바로 자연수행의 길입니다. 텅 빈 넉넉함으로 나를 제물(자연)속에서 자연인(自然人)으로 새롭게 지어 나가야 합니다.

나는 우주이기 때문에 내가 자연인이 된다는 것은 바로 한울=우주인 사람으로 거듭나야 한다는 말입니다. 모두 다 제자리로 돌아가야 한다는 말입니다.

타는 사랑의 길


불타는 해
붉게 붉게
불덩어리 안고서

산무리 타내며
솟는다 솟아

온 누리 빛칼로 자른다
눈 뜰 겨를도 주지 않은 채로

수행은 타는 사랑이라고
불덩이 저 해로
온 누리 넘치게 함이듯이

한 사랑으로 밝게
한 사랑으로 따숩게
아! 사랑이야 타는 불덩어리거니
남김 없이 제 몸 태우는
불꽃이러니

수행은 타는 사랑이라고…

해가 되는 일입니다.
해로 사는, 살리는 살림살이입니다.

달로
불로
흙으로
땅으로
아! 하늘로 사는 일입니다.
하늘길이 되는 삶입니다.

해는 아무것도 가진 것 없어라
가진 것 없이 스스로 제 몸 태워서
온누리 넉넉하게 함이야
수행길입니다.
구도길입니다.

해로 살림살이 엮어 나감이
21세기 자연수행인의 길입니다.
저, 해로…해로…

제 몸에 덧붙일 것 아무것도 없이
제 몸 태워 태워서
밝은 빛으로 환하게, 훤하게
온누리를, 너·나·우리·모두를……
따슨 볕으로 따뜻하게
품이 되어 온누리를, 너·나·우리·모두를
품어 주시는 따슨 품이 되는
그리하여 모든 몸 – 목숨을 자라나게 하시는…
해가 되는 – 해로 살아감 – 살림살이가
종교, 종파, 이념을 넘어 살아도 좋은
21세기 자연수행인이 걸어갈 길입니다.

물이 되는 일입니다.

모든 생명 – 목숨에게
꼴도 없이, 틀도 없이…
텅 빈 넉넉함으로 다 주시는…
그리하여
한없으신 바다로, 가람(江)으로 살아감이
21세기 자연수행인의
살림살이입니다.

모든 수행인=구도인이 눈여겨보고, 돌아가야 할 길은 불교도, 유교도, 힌두교도, 회교도, 여호와도, Buddha도, 알라도, 와칸탕카도 넘어서, 자연으로 돌아가 모든 경전의 문자(經典) 넘어서 한울이 내려주신 그대로, 그냥, 그처럼, 그토록, 그저, 그답게, 그되게, 그렇게 하늘말씀의 뜻과 얼에 따라서 21세기 자연수행=구도의 길로 수렴되어야 합니다. 자연을 떠난 경전은 입씨름이고, 환상이고, 나넘이고, 싸움=갈라짐입니다. 아무것도 얻을 것이 없습니다.

$$\odot \;\# \;\wedge$$

21세기 자연수행 – 구도인들은 모두 다 제자리=하늘이 내려주신 바 그대로 제물(자연)로 돌아가 제물사람=자연인으로 수렴되어야 합니다. 여래불(如來佛 如去佛)이 되어야 합니다. 여래불은(眞如來佛 眞如去佛로서) 자연불(佛)을 말합니다. 자연의 품을 떠남으로써 불교로, 유교로, 회교(이슬람교), 힌두교·기독교로 전락=타락해 버렸다고 해도 지나친 말이 아닙니다.

자연수행=구도로 수렴=돌아가서 자연불교, 자연유교, 자연기독교, 자연회교(이슬람교), 자연힌두교로 돌아가야 합니다. 자연을 떠나서 인간중심으로 되는 그때부터 타락해서=떨어져서 죽게 됩니다.

자연의 길(질서, 法, 道, 宗, 敎)에서 벗어난 것이 타락이고, 죄이고, 업보=카르마입니다. 모두 다 제자리인 자연으로 돌아가서 타락에서 제자리로, 죄에서 벗어나 자유인·자연인으로 모든 업(業=카르마)에서 벗어나 다 풀린 사람으로 살아가야 합니다.

21세기 자연수행 구도는 물이 되는 일입니다. 선가 수행이나 『육조단경』, 『반야심경(금강경)』, 『팔만대장경』, 『성서』, 『코란』, 『베다』, 『우파니샤드』, 『바가바드기타』, 『몰몬경』 모두가 자연경=물경=하늘말씀으로 돌아가 그 자연을 바탕으로 제각각의 방식=길을 따라 수행=구도해야 할 것입니다.

물은 참(하늘, 땅, 흙으로, 사람다운 사람으로 가득차다)한울입니다. 참 한울이 되는 것이 바로 물이 되는 것입니다. 수행은 물이 됨이요, 구도는 물길이 되는 것입니다. 물말씀(水經)을 그대로 따르는 것이 21세기 자연수행=구도입니다.

물은 목숨의 새암이요, 뿌리입니다. 아무리 『팔만대장경』을 외우고, 읽고, 가르친다고 해도 물(의 말씀)을 마시지 않으면 죽게 됩니다.

한울말씀=하늘말씀이 바로 물(水, 海, 江)입니다. 한울말씀인 물을 배우고 익혀서 내가–너가–우리 모두가 물이 되는 것입니다.


해가 사랑의 몸이듯이 물이 사랑의 몸이듯이 흙이 그러하고, 땅이 그러하며, 숨(산소, 공기)이 그러합니다.


21세기 자연수행은 자연인·생태인=제물몸이 되는 일입니다.

해로 사는 살림살이입니다. 흙으로, 땅으로, 물로, 한울숨(공기)으로, 산으로, 바다로, 나무로, 풀로, 짐승으로, 벌레로, 한울로 한몸짓기살림살이(onecarnation)하는 것입니다.

한울=우주가 되는 일입니다. 한울=우주에는 어떠한 틈새도 두어서는 아니됩니다. 인간은 한울=우주에 틈새를 엄청나게 벌려 놓고 말았습니다. 특히 인간중심적인 종교 · 정치 · 과학 · 사회 · 경제 · 문화 · 문명 · 전자가 그러합니다.

21세기 자연수행은 참사랑의 길입니다. 텅 빈 넉넉함으로 빚어내는 제물살림살이의 길입니다. 한울=우주가 사랑이듯이….

자연수행은, 아! 그리움으로… 타는 사랑을 다함입니다.


1) 피어남의 길, 열매 맺음의 길

나를 한없이 피어나게 하는 길을 갑니다.

나를 한없이 넉넉하게 비우는 길을 갑니다.

온 누리가 거룩한 말씀이기 때문입니다.

모든 사람은 제 길을 따라 살다가 죽습니다.

낳고 살아가고 죽어서, 사라짐에서 가장 아름다운 길이 피어납니다.

피어난 그만큼씩 열매를 맺습니다.

피어남은 활짝 비움입니다. 온누리로 활짝 피어남으로 모든 사람들에게 아름다움을 드러내 줍니다. 피어남이야말로 가장 값어치 있는 자연스러운 참삶의 길이라 여겨집니다. 피어나지 못함이 아픔입니다. 쓰라림입니다. 괴로움입니다. 미움입니다. 앓이입니다.

피어남은 그리움이고 사랑입니다. 그리워하고 사랑함으로써 활짝 피어날 수 있습니다. 피어나서 열매 맺음이 바로 텅 빈 넉넉함이요, 텅 빈 넉넉함으로 살아가는 피어남이 자연수행의 길입니다. 피어남의 길(修行)이란 목숨 하나 하나가 제 숨대로 살아가는 것입니다. 바로 꽃처럼 피어남이고, 열매 맺음입니다. 피어남은 텅 비움입니다. 열매 맺음은 가득 참=넘침=넉넉함입니다.

텅 빈 넉넉함으로 우리가 수행하는 비움과 채움은 짝말이요, 짝글로서 우리네 살림살이의 바탕이 되는 길입니다. 이 길이 자연수행입니다. 텅 빈 넉넉함으로 피어남의 길-자연수행(修行)은 바로 한 사람, 한 사람이 앞으로 뒤로, 위로, 아래로, 뚫고 통하게 하여 끝(마지막)까지 조금씩 조금씩 자라나서 드디어는 활짝 피어나고 알차게-넉넉하게 열매 맺음에 있습니다.

텅 빈 넉넉함으로 피어나고 열매 맺는 자연살림살이야말로 21세기 자연수행의 길입니다. 그리하여 텅 빈 넉넉함으로 피어나야 하고 열매 맺어야 합니다. 언제, 어디서나, 무슨 일을 하든지…….

20세기 전까지만 해도 어떤 종교의 틀(사슬) 속에 갇혀서 시들어가게 함이 마치도 수행(修行)의 길인 것처럼 가르쳤고 그렇게 여겨왔습니다.

"조임(죄)이 수행이다"로.

"갇힘(묶임)이 수행이다"로.

"단절(끊음)이 수행이다"로.

"피함(격리)이 수행이다"로.

"괴롬(편태)이 수행이다" 따위로….

그러나 텅 빈 넉넉함으로 나를 꽃처럼 피어나게 하고 열매 맺게 하는 것은 바로 '나' 가 해야 하는 것입니다. 어떠한 종파나 계율에 따라서 자행되어서는 아니 되는 것입니다. 만인 · 만만인이 자연수행론이 제창되어야 합니다.

모든 것은 더불어 살아가면서=함께 살아가면서=같이 살아가면서도 나만이 수행=닦아가야 할 나름대로의 길이 있습니다. 닦아가는 길이 다르며, 해야 하는 노릇이 다르기 때문입니다. 궁극적으로는 모든 이들은 혼자 낳고 혼자 살다가 혼자 죽습니다. 그러나 더불어 함께 살아감은 제물(자연)살림살이의 필요입니다.

처음이고 마지막인 숨결은 나 스스로 짊어지고 가야 합니다. 그것이 올바른 자연수행의 길입니다. 나를 닦는 일도 내가 해야 합니다. 피어남도 열매 맺음도 나 스스로 맡아서 피워 내야 하고, 열매 맺게 해야 합니다. 그래서 21세기 텅 빈 넉넉함으로 피어남의 길과 열매 맺음의 길은 더불어 한울=우주적인 살림살이의 길이 되어야 합니다.


묶임에서 끊음으로,
닫힘에서 열림으로,
갇힘에서 풀림으로,
죽임에서 살림으로,
구김에서 폄으로….


활짝 열린 피어남으로=텅 비움으로 살아감이야말로 보람된 자연수행(修行)이라고 여겨집니다. 알찬 열매 맺음으로=넉넉함으로, 웃음 웃는 살림살이가 되어야 할 것입니다.

웃는 피어남으로=텅 비움으로
열매 맺는 넉넉함으로=가득 넘치도록


이것이 21세기 자연살림살이에서의 피어남이고, 자연수행의 길이라 봅니다. 열매 맺음이 자연살림살이고, 자연수행이라 생각됩니다.

피어남의 열림입니다. 열림이야말로 텅 비움입니다. 텅 비우지 않은 피어남은 없습니다. 질병은 닫음에서 비롯됩니다. 암(癌)은 닫힘입니다. 갇힘입니다.

피어남은 열림이고 열림은 텅 비움입니다. 텅 비움이야말로 넉넉함=열매 맺음의 비롯음입니다. 넉넉함=열매 맺음은 피어남의 끝맺음입니다.(一始無始一 一終無終一)

자연스러운 피어남=열매 맺음의 길(21세기 자연수행)은 바로 지금 여기에서 더불어 함께 내가 살아가야 하는 자연살림살이의 길입니다. 모든 종교나 이념, 수행 방식을 넘어서….

자연(제물)은 피어남과 열매 맺음의 바탕입니다. 제물(자연)을 떠나서는 아무것도 할 수 없습니다. 그래서 제물(자연)은 배움터(학교)입니다. 제물(자연)은 씨앗가꿈터입니다. 제물(자연)은 노님터입니다. 제물(자연)은 수도원이고 교회입니다.

제물(자연)은 그야말로 우리를 한 없이 피어나게 합니다. 영글게,

열매 맺게 합니다. 제물(자연)은 모든 목숨(生命-생명)들에게 목숨의 밥=먹이를 만들어 냅니다. 제물(자연)이 우리에게 주는 한없음은 수행의 길에만 있지 않고, 그 넘어 그 너머에 참삶=참 살림살이의 길을 열어 주십니다. 제물(자연)이 곧 수행(修行)입니다. 나를 낳고, 살리고, 죽게=다 주게 합니다.

나를 다시 나게=살아나게 합니다.

아! 이제 제물(자연)은 구원의 길입니다.

어쩌면 '나' 를 닦아 간다(修行)는 말·글·짓·일·생각·느낌·깨달음·앎·소통·기쁨·즐거움·행복·만족이 모든 생로병사가 제물(자연)삶–살림살이입니다.

제물(자연)은 큰 선생님이십니다.

큰 배움터(학교), 큰 교회, 큰 수도장, 수행장인 셈입니다.

자연(제물)이야말로 21세기 구원의 길이며 수행터입니다. 자연(제물)은 목숨이란 목숨, 모든 목숨을 자라나게 합니다. 피어나게 합니다. 열매 맺게 합니다. 자연(제물)은 피어나게 하는 힘입니다. 열매 맺게 하는 힘입니다. 우주=한울의 힘(Cosmic-universal Energy)입니다. 자연(제물)안에서 모든 내가 가장 자연(제물)스러울 때 가장 좋은 수행(修行)이 됩니다.

자연(제물)은 자급자족의 길입니다.

우리 몸이 자연(제물)의 몸이 되어야 합니다.

제물(자연)의 몸이야말로 가장 큰 수행입니다. 제물(자연)로 돌아가서 제자리 찾음이 수행이고 기도이며 찬미이고 예배이며 제사인 것입니다.

임금(왕)다운 왕(임금)이 되는 길입니다.

제사장다운 제사장이 되는 길입니다.

위로자다운 위로자가 되는 길입니다.

하늘다운, 따양다운, 사람다운 사람이 되는 것이 자연수행입니다. 제물(자연)은 수행의 전형(본보기)이기 때문입니다.

피어남의 길, 열매 맺음의 길(수행)은 마지막 숨결로 영글어지는 제물(자연)의 아름다움입니다. 피어나게 함, 잘 자라게 함이 우리가 가야 할 자연의 길입니다. 열매 맺게 함, 잘 영글어가게 함이 우리가 걸어가야 할 제물의 길입니다.

자연으로 살아감이 마땅히 살아가야 할 착한 길(修行)입니다. "길이 아니면 가지를 마라"는 자연의 길만을 가라는 말씀입니다. 그 길은 반드시 살림의 길이어야 합니다. 어떠한 종교의 독단으로 사람을 묶어 놓고 조여대는 사슬이 되어서는 아니 됩니다. 삶=살림살이에 대해서 겁내하거나 두려워해서는 아니 됩니다. 삶은 그것 그대로 거룩한 살림의 길, 자연의 길(수행의 길)입니다. 어찌어찌해야 한다는 것은 묶임=갇힘입니다.

피어나는–열매 맺는 길은 가장 아름다운 자연의 길(수행-修行)입니다. 모두 다 아름답게 피어나는 길이 참 길입니다. 영글어서 알차게 열매 맺는 길이 참 길입니다.

하늘이 내려 주신 바 그냥, 그대로, 그토록, 그처럼, 그저, 그답게, 그되게, 그렇게 살아감(「ㄱ」대로)이야말로 아름다운 자연수행(修

行)입니다. 따앙이 드러내 주신 바 낳아진 바대로, 드러난 바대로, 솟아난바 그대로, 나타나고 피어나고 빛나게 살아가는 것이 다름 아닌 자연수행(修行)입니다.

수행(修行)은 간다 간다(行行), 위로 간다, 아래로 간다, 앞으로 간다, 뒤로 간다, 새갈마노(東西南北) 온누리로 조금씩 조금씩 더듬어 가면서 자라나게, 털끝만큼씩만이라도 피어나게, 자라나게, 열매 맺게 함입니다.

「싹트다」는 자연살림살이입니다.

「움돋다」는 움트는 자연살림살이입니다.

「눈 난다」는 눈 내는 자연살림살이입니다.

비롯음– 맨 처음의 자연살림살이입니다.

처음과 끝맺음이 똑같은 자연살림살이입니다.

아! 자연살림살이(수행-修行)이야말로 참된 수행입니다.

낳고 낳고, 살고 살고, 자라고 자라고, 피어나고, 피어나고, 열매 맺고 열매 맺는 자라남이야말로 참다운 길닦기, 몸닦기, 말닦기, 짓닦기, 마음닦기, 일닦기, 숨닦기, 살닦기, 뼈닦기, 피닦기입니다.

들숨과 날숨, 목숨 닦는 일이야말로 참다운 자연수행(眞—純修行)입니다.

피어남의 길, 열매 맺음의 길이란 바로 씨올의 길입니다. 씨올 살림살이의 길을 뜻합니다. 피어나지 못하는 꽃은 꽃이 아닙니다. 열매 맺지 못하는 나무는 나무가 아닙니다. 살로, 피로, 넋으로, 얼로,

뜻으로 열매 맺지 못하는 목숨은 사람이 못 됩니다.

틀 짜서 피어나지 못하게 하는, 열매 맺지 못하게 하는 수행(修行)은 그 잘잘못을 떠나서 억지로 사람을 못 쓰게 만드는, 그 까닭 알 수 없이 자라나지 못하게 함입니다. 숨 막힘입니다. 제도나 틀이 갖는 그 바람(目的)은 서로 도와서 한 사람 한 사람을 한껏 피어나게, 웃을 수 있게, 춤 출 수 있게, 자라나게, 열매 맺게 하는데 있는 것입니다.


2)「살다」와「살리다의」길 ― 그 얼과 뜻을 찾아서

「살다」와「살리다」는 짝말글입니다. 짝말글이라 함은「살다와 살리다」는 똑같은 크기, 넓이, 높이, 깊이로 쓰여야 한다는 뜻입니다. 「내가 잘 살다」는「너를 잘 살게 하다, 살리다」와 똑같아져야 한다는 말입니다.「나만 잘 산다」는 이루어질 수 없습니다.「내가 잘 산다」는「너도 잘 산다」여야 합니다. 나는 너이고, 너는 나로서, 너 나는「우리」이기 때문입니다.

「나만 나만」하는 것이 나쁜(만)일입니다.「너만 너만」하는 것도 너뿐(만)일입니다. 너, 나, 우리, 모두, 다, 모든 사람이 잘 살아야 합니다.

「나만 나만 잘 산다」는 개인주의·이기주의·자본주의 속성의 발로입니다. 자본은 축적을 기본으로 해서 자기이익을 극대화함을 그 목적으로 하기 때문입니다.「너만, 너만 잘 살리다」는 이타주의에 속합니다. 이타는 이기와 상충하게 됩니다. 내가 없는 너는 있을 수 없습니다. 너가 없는 나도 있을 수 없습니다. 너는 나이고 나는 너로 한우리로 살아갈 수 있는 '이기와 이타'가 서로 '우리'로 잘 살 수 있어야 합니다. 그 길을 닦아 나가야 합니다. 그 길은 바로 텅 빈 넉넉함으로 「살다」와 「살리다」의 얼과 뜻을 찾는데서 열리게 되 리라 믿습니다.

　「살다」는 「ㅅ+ㅏ+ㄹ+다」입니다. 「ㅅ(시옷)」은 숨, 목숨, 삶(살다+살 리다), 살림살이입니다. 「ㅏ(아)」는 열다, 열리다, 싹트다, 움돋다, 움 트다, 눈 나다, 눈 내다, 비롯되다, 비롯하다, 비롯음을 뜻합니다. 「ㄹ(리을)」은 하늘, 따앙, 사람을 하나로, 함께로, 한 몸으로 살아가 게 하는 우주의 힘=한울(님)을 뜻합니다.

　그래서 「살다」는 "나의 삶(살다+살리다)=살림살이가 한울로 열리 게, 싹트게, 움돋게 하다, 눈 내게 하다, 비롯되다, 비롯하게 하다" 를 뜻합니다. 다시 말해서 "나의 삶, 목숨이 한울 삶이 되고 한울 목 숨이 되게 하다"를 말합니다.

　「살다」는 "자라다, 자라나다", "크다, 크게하다", "우주=한울로 자라다, 크다"를 뜻합니다.

　「살리다」는 "살게 하다"입니다. 「살다」의 시킴꼴(사역형)로서 살 다에 「리」를 더하여 "살게 하다"로 쓰입니다.

　「살리다」의 얼과 뜻은 「살다+리」로서 「리」는 "한울(뜻)이 이루어 지다. 그 뜻에 다다르다, 그 뜻을 이어나가다, 그 뜻이 이제 여기에 살아 있다, 그 뜻이다, 그 뜻이 되다"를 뜻합니다.

　「살다」는 내가 할 수 있는 길이며 내가 잘 살아가야 합니다. 「살리다」는 내가 잘 삶으로 너를 잘 살게 하는 것입니다. 너를 잘 살게 하는 「살리다」의 「리」는 한울(님)이 하는 일인 것입니다.

「리」는 「ㄹ + ㅣ」입니다. 「ㄹ(리을)」은 하늘과 따앙・사람을 "하나로, 함께함으로, 한몸으로" 살아가게 하시는 우주의 힘입니다.

그 우주의 힘을 「한울(님)」이라 해도 좋겠습니다. 「ㄹ」은 한울(님) 이시고 한울(님)이 하시는 일=힘입니다.

「ㅣ(이)」는 "이루다 :한울의 뜻을 이루다, 한울의 뜻이 이루어지다."

「이르다」는 "한울의 뜻에 다다르다, 한울의 뜻대로 되다" 입니다.

「잇다」는 "한울의 뜻이 하늘에서 따앙 끝까지 사람들과 사람들 사이에서 이어지다. 어제와 오늘, 내일까지 이어나가다" 입니다.

「있다」는 "한울의 뜻이 이제 여기에서 살아 움직이고 있다. 한울로 가득 차 있다, 넘치고 있다, 넉넉해지다" 입니다.

「이다+되다」는 "바로 한울이 되다, 한울이다, 한울님이다, 한 울림이 되다를 뜻합니다" 입니다.

「살리다」는 하나님, 부처, 알라, 브라흐만, 한울(님)이고 한울(님) 이 되는 것입니다.

텅 빈 넉넉함으로 살아간다는 것은 바로 제물(자연)의 삶 그대로입니다. 인간중심이 아니라 제물(자연)중심으로 살아감이며, 우주=한울중심으로 살아감을 뜻합니다. 제물(자연)은 바로 '텅 비우다' 와 '가득하다(채우다)', 그리하여 '넉넉해지다' 를 뜻합니다.

텅 빈 넉넉함으로 살아감이야말로 제물(자연)살림살이, 한울살림살이의 길이 됩니다. 「살다」와 「살리다」의 길이야말로 21세기 우리 모두를 건질 수 있는 자연수행(구원), 온살림의 길이 될 것입니다.


### 3) 참삶에서 참앎으로 가는 길

제물(자연)이 우리에게 가르쳐 주는 것은 아는 것이 아니라(앎이 아니라) 사는 것(길)입니다. 참삶의 길은 「살다」에서 「알다」가 되는 길입니다. 「알다」는 「살다」로 가는 한 과정일 수 있습니다.

「살다」에서 「살리다」로 가는 참 살림살이는 제물(자연)살림살이를 통해서만 가능하다고 믿습니다. 제물(자연)을 대상으로 보아서는 아니 되며 내가 자연(제물)이고 제물이 나임을 살림살이를 통해서 배우고 익혀 나가야 합니다.

우리가 제물(자연)살림살이를 통해서 배우고자 하는 것은 잃어버린, 아니면 빼앗겨 버린 '나'의 제물다움, 자연다움을 되찾아 '나'도 제물(자연)답게 살아가자는 것입니다.

제물(자연)이 가르쳐 주시는 것은 온입니다. 하늘입니다. 따앙입니다. 사람입니다. 한울살림살이를 가르쳐 주십니다. 한울살림살이란 인간중심적인 살림살이가 아니라 우주 중심적인 살림살이를 말합니다. 하늘과 따앙은 우주=한울 중심적인 살림살이를 말없이 이어나가고 있습니다.

인간과 인간은 인간중심을 내세움으로 말미암아 하늘과 따앙을 잃어버렸고 우주=한울 중심적인 살림살이를 다 잃어버렸다고 해도 지나친 말이 아닙니다.

21세기 제물(자연)수행은 제물(자연)을 알려는 것이 아니라 제물(자연)이 가르쳐주시는 대로 그냥, 그대로 따르려 함입니다.

과학도 배워야 하고 종교도 배워야 하고 수학도 배워야 합니다. 국어도, 영어도 그렇습니다. 21세기 제물(자연)수행은 내가=사람이 나를 제물로=자연으로 세우는 일입니다. 값을 치러 살아야 하는 일입니다. 뒤로 앞으로 물러설 수 있고 나아갈 수 있는 힘을 기르는 일입니다. 이 목숨 다하는 그날까지, 끝까지 마지막 숨 다하는 그날까지 나를 자라나게 하는 일입니다. 털끝만치라도 자라나게 하는 일입니다. 활짝 열린 우주=한울로 열린 몸을 세우는 일입니다. 그리하여 불꽃으로 피어나야, 타올라야 하는 일(Buddha*)입니다. 21세기 자연(제물수행)살림살이는 바로 하늘이 내려 주신 바 그냥, 그대로, 그처럼, 그토록, 그저, 그답게, 그되게, 그렇게(tatha) 거저 받았으니(Incarnation) 거저 주는, 드리는(upcarnation) 그저 왔다가 그저 가시는(tathagata 一如來如去) 불꽃으로 피어나는, 불타는(Bud+dh(t)a, 불타, 부처, 부처, 부텨) 살림살이입니다. 불타서 아무것도 없이 재가 되는, 거름이 되는 제자리로 돌아가는 제물-자연살림살이(修行, 修道, 修鍊)이야말로 우리가 반드시, 기어코, 꼭, 올곧게 해야 할 일입니다. 21세기 자연(영성)수행의 과제입니다.

21세기 자연(영성)수행의 과제는 바로 저 하늘을 내 하늘로 모시

---

\* Buddha - 부도짓는 일, 빛의 나라, 밝은 나라 짓는 일입니다. 내가 빛의 나라됨, 내 몸이 불터가 됨을 깨달은 사람입니다.

고 섬기는 일입니다. 저 땅을 내 땅으로 끌어안고 뒹구는 일입니다. 저 가람(江)을, 저 바다를, 저 산을, 저 오름을, 저 들과 골짜기, 풀과 나무, 저 숱한 꽃들을 내 몸으로 모시고 섬기고 함께 하는, 제 몸으로 삼자는 것입니다. 한몸짓기살림살이(Onecarnation)를 하자는 것입니다.

이렇게 내가 쓰는 하아얀 종이, 똥 누는 자리에서 쓰는 종이(화장지)가 하아얀 빛깔이 아니라 핏 빛깔임을 볼 수 있어야 합니다. 흙 묻은 손·발·얼굴을 더욱 아름답게, 진땀으로 얼룩진 몸, 고단한 몸을 더욱 거룩하게 볼 수 있는 그 품을 기르자는 것입니다. 야들야들한 손, 하아얀 얼굴, 성형 수술한 얼굴, 색칠한 머리털 너머에 거칠거칠한 일꾼들의 손, 거무데데한 얼굴, 하늘이 내려주신 울퉁불퉁한 얼굴, 하늘이 내려주신 머리카락으로 아름다운 누리를 바라볼 수 있는 눈을 기르자는 것입니다. 음모와 술수가 아닌 우리, 야합과 거짓이 판치는 누리가 아니라 하늘·따앙·사람이 더불어 함께 살아도 좋은, 제물(자연)과 더불어 살아도 좋은, 제사 드리고 찬미하며 예배 드려도 좋은 그러한 제물(자연)살림살이를 하자는 것입니다. 21세기 자연(영성)수행이란 제물(자연)살림살이가 자연수행으로 피어나고 열매 맺게 하는 살림살이입니다.


4) 제물(자연)로 살아가는 길

21세기 자연(영성)수행은 종교적 틀이나 교리·교조(Dogma) 따위에 따라서 사는 사슬진, 얽매인, 묶여진, 틀에 박힌 살림살이를 벗어버리자는 것입니다. 자연(제물)이 되어 제물(자연)로 살아가자는 것입니다. 잘못됨과 불행은 제물(자연)의 품 안에서 품 밖으로 벗어나 버렸기 때문에 생겨난 결과인 것입니다.

불교의 고해(苦海)=쓴바다 살림살이란 인간중심적(人間中心的) 살림살이를 두고 하는 말입니다. 제물(자연)이란 한울=우주 살림살이의 꼴(모습)=틀(형식)을 두고 하는 말입니다. 21세기 제물(자연)영성수행은 바로 내(나)가 우주(한울)가 되자는 것입니다. 내가 부처(Buddha-깨달은 사람, 내가 한울이다, 내가 우주다를 깨달은 사람)가 되어 살아가는 자연 살림살이입니다. "내가 도령, 그리스도, 메시아, 구원자, 한울, 하나님이 된다. 내가 알라, 브라흐만, 와칸탕카가 된다"는 것입니다. 내가 자연(제물)으로 살아간다는 것입니다.

아침에는 내가 아침으로, 저녁에는 내가 저녁으로, 한밤에는 내가 한밤으로, 봄에는 내가 봄으로, 여름에는 내가 여름으로, 가을에는 내가 가을로, 겨울에는 내가 겨울로 살아가는 것입니다.

내가 새갈마노(東西南北)로, 한울(우주)로 살아간다는 믿음·확신·기도·찬미·예배·예불이 다름 아닌 21세기 제물-자연(영성)수행입니다.

내가 땅이 됨으로 내가 한울(하늘)이 됨으로 내가 바다·가람·비가 됨으로써 내가 사람다운 사람이 됨으로 우주 나=한울 나로 살아감=살림살이 함을 뜻합니다.

텅 빈 넉넉함으로의 「텅 빈=텅 비우다」는 "내가 한울이 된다. 한울아닌 '나'를 비운다"는 뜻입니다. 한울아닌 나는 허깨비 '나'이기 때문입니다. 「나를 텅 비운다」는 "허깨비=허새비인 나를 텅비게 하고" 한울로 넉넉한 '나', '한울나'로 다시 태어나자는 것입니다. 바로 따뜻한 혁명, 녹이는 혁명, 사랑의 혁명이란 딱딱한 '나'를 녹여서 따뜻한 한울로, 따스한 사랑의 몸으로, 한울나로 다시 태어나게 하자는 것입니다. 잃어버린, 아니 빼앗긴 '나'를 되찾아 (회복·희생·회춘) '한울 나'로 살아가자는 것입니다.

부처인 나로 다시 살아가자는 것입니다. 그리스도인 나로 다시 살아가자는 것입니다. 알라인 나로 다시 살아가자는 것입니다. 와칸탕카인 나로 다시 살아가자는 것입니다. 브라흐만인 나로 다시 살아가자는 것입니다. 도령·온달·바보·머슴인 나로 다시 살아가자는 것입니다. 한울 나=우주인 나로 다시 살아가자는 것입니다. 최제우인 나로 다시 돌아가자는 것입니다. 제물 나=자연 나로 다시 돌아가자는 것입니다. 21세기 자연(제물)영성수행은 바로 맨처음=비롯음의 나를 찾아 살아가는 살림살이인 것입니다.

수행(修行)은 멈춤이 아닙니다. 정지가 아닙니다. 가둠·묶임이 아닙니다. 사슬·족쇄 채움이 아닙니다. 수행은 열고 열어서 자라나게 하는 것입니다. 내가 살아가야 할, 걸어가야 할 나의 길닦음이고, 나를 닦음=그 길이 되게 함입니다. 크게 함입니다. 거대(巨大)하게 함입니다. 가장 큰, 거대한 일은 바로 한울(우주)이 됨입니다. 자연수행은 바로 내가 나를 거대한, 크고 큰, 한없이 큰, 한 없이 없는, 끝이 없는, 막힘이 없는 한울(우주)이 되는 것입니다.

자연수행은 내가 나를 한울(우주)로 짓는 살림살이입니다. 그 거대한 일을 제물(자연)살림살이를 통해서 살아가는 일이 바로 제물(자연)영성수행입니다. 제물(자연)살림살이(21세기 제물(자연)수행)란 "씨·싹(움, 눈)가지·잎(떡잎)–줄기·가지·가지잎·꽃·알 다시 씨울로 씨울이 됨이요, 그렇게 살림살이 한다"를 뜻합니다. 내가 바로 한울(우주)인 씨울이 됨이요, 씨울 살림살이를 한다는 것입니다.

하늘 씨울 =씨알로 살아감이 다름 아닌 21세기 제물(자연)수행 살림살이입니다. 씨알이 없는 살림살이=수행(修行)은 허깨비입니다. 만남이 그러하고, 사랑이 그러하며, 일함이 그러합니다. 21세기 제물(자연)영성수행은 다름 아닌 씨울 수행, 씨울 살림살이입니다.


5) 「온나를 산다」의 길

「나를 산다」는 "'나'를 '나'로 살고 있느냐?"에 대한 대답입니다. 「일을 한다」가 「내 일을 한다」가 되어야 합니다. 월급 받는 일, 일급 받는, 시급 받는 일은 내가 일한 만큼 '나의 몸'을 파는 행위(짓거리)입니다. 돈벌이 하는 "직장에 다닌다"는 것은 엄밀하게 말하면 내가 일한 만큼의 시간과 장소에, 고용주에게 나의 몸을 돈을 받고 팔아 넘기는 짓거리가 됩니다. 나의 일은 내 목숨을 스스로 거는 일입니다. 돈 받고 하는 일은 나의 몸을 담보로 잡혀 나의 몸을 거래하는 짓거리입니다.

참된 나의 일과 너의 일, 그리고 우리의 일은 저당·담보 잡힌·돈 받고 하는 일 하고는 완전히 다른 것입니다.

「산다」는 것은 '나'를 한울=우주로 짓는 일입니다. '나'를 잃어버린 세기(21세기)에 '나'를 살아간다는 것은 바로 한울=우주로 '살아간다'는 것입니다. 이것이 '믿음=신앙'입니다. "예수님을 믿는다", "부처님을 믿는다", "하나님을 믿는다"는 것은 '나'를 한울=우주로, 부처로, 예수로, 하나님으로 살아간다는 살림살이가 되어야 합니다를 뜻합니다.

우리의 믿음=신앙은 "내가 한울이다."라는 한울살림살이로, "내가 우주다."라는 우주살림살이로, "내가 하나(님)이다."라는 하나님살림살이로, "내가 부처이다."란 부처님으로 사는 것입니다.

「믿다」는 참으로 다(「온」)를 이룸입니다. 참(ㅁ)으로 다(온=한울=우주)를 이룸은 온한울=온우주를 이룸입니다. 거대한 우주=한울 선언인 살림살이입니다.

「산다」는 것은 「믿는다」는 것이며, 「믿다」(믿는다)는 "'희망=바람'이 있다. 살 만하다, 믿을 만하다, 바랄 만하다"를 뜻합니다.

「나는 나를 산다」는 "나는 나의 일을 한다"를 뜻합니다. '너의 일'은 '너의 일'입니다. '돈 받고 하는 일'은 돈 받는 대신에 나의 '몸을 얼마에 파는 짓거리'입니다. 목숨을 거는 것은 돈하고는 아무 상관없이 그 일에 목숨을 스스로 거는 숭고한 일입니다. 그 일이야말로 거룩한 일입니다. 아름다운 일입니다. 21세기에 참으로 '나를 산다'의 살림살이를 하는 사람은 드문 일입니다. 오늘을 살아가는 우리는 모두 다 너의 일에 나를 맡기고 그 대신에 돈을 받는 거래를 합니다. 그것을 나의 일이라고 여기고, 착각하고 허새비 노릇을 합니다.

힘은 어디에서 오는가? 한울을 살면 한울의 힘이 나옵니다. 하늘을 살면 하늘의 힘이 나옵니다. 따앙을 살면 따앙의 힘이 나옵니다. 사람 다운 사람을 살면 사람다운 사람의 힘이 나옵니다.

고타마 싯다르타 석가모니는 부처(Buddha)를 사셨으니 부처의 힘을 얻었습니다. 예수는 하나님의 아들 그리스도를 사셨으니 그리스도의 힘을 얻어 그 힘으로 사셨습니다. 최제우는 하늘을 사셨으니 하늘의 힘으로 세상을 능히 넘을 수 있었습니다.

땅을 살면 땅의 힘으로 살아가게 됩니다. 참 나를 살면 참 나의 힘=한울=우주의 힘으로 살아갈 수 있습니다. 제물(자연)을 살면 제물(자연)의 힘으로 살아갈 수 있습니다. 온나를 산다는 것은 온한울을 산다는 뜻입니다.


6) 살맛 나는 누리로 가는 길

살맛 나는 살림살이가 즐거움이고 기쁨입니다. 넉넉함으로 하루하루가 더욱 넉넉해지는 살림살이가 기쁨이고 즐거움입니다.

밥맛이 좋고, 국 맛이 좋으며, 된장·간장의 장맛이 좋아서 밥상 앞에서 넉넉해지는 살림살이가 즐거움이고 기쁨입니다. 쌀 맛이 좋고 '살맛'이 좋아서 살맛 나는 누리를 짓는 그 일이 즐거움이 되고 기쁨이 될 때 넉넉해지겠습니다. 물맛이 좋고, 나물 맛이 좋아서 먹으면 먹을수록 더 맛좋은 만남이 살맛 나는 누리입니다. 말맛이 좋고 글맛이 나는 말하기·글쓰기가 살맛입니다. 맛이 좋은 만남, 만남의 맛을 더하는 어우러짐이 기쁨이고 즐거움입니다.

하루하루의 살림살이가 살맛을 잃어버리면 우리 몸은 약해지고 병에 걸리기 쉽습니다. 살맛은 희망입니다. 희망을 잃어버리는 것이 실망입니다. 실망은 살맛을 잃어버리는 것입니다. 정치와 경제, 사회와 문화, 과학과 예술, 문명과 종교 따위가 살맛 나는 살림살이를 짓지 못할 때, 만들어 내지 못할 때, 우리네 살림살이에는 아무 짝에도 쓸모없는 걸림돌이 되고 말 것입니다.

살맛 나게 하는 힘을 찾아 나서야 합니다. 살맛 나게 하는 힘은 제물(자연)에 있습니다. 제물(자연)에는 맛 좋은 물이 있습니다. 맛 좋은 쌀이 있습니다. 맛나는 열매가 있습니다. 맛깔진 소리—새들의 노랫소리, 골짜기 물 흐르는 소리—가 있습니다. 멋과 아름다움을 피워내는 풀꽃나무들이 많이 있습니다. 맛은 밥인 빛입니다. 빛밥을 먹어야 합니다.

넓고 넓은 땅·흙이 있습니다. 높고 높은 하늘이 있습니다. 하늘에는 별들이, 해와 달이 있습니다. 산짐승, 들짐승, 풀벌레…. 살아 숨 쉬면서 우리들에게 살맛 나게 하는 이웃들이 너무나 많고 많습니다. 우리는 살맛 나는 누리를 잃어버렸습니다. 바벨탑 이야기보다 훨씬 앞에서부터 에덴이란 자연에서, 마고대성에서 떠난 인간의 역사와 인간중심적인 문화·문명의 이야기는 너무나 많이 있습니다. 홍수 이야기나, 소금기둥 이야기에서도 알 수 있는 바와 같이 인간의 역사란 위대하고, 거룩하며, 아름다운 고른 삶, 살림살이의 새암과 흐름이 아니라 죄악·타락의 역사, 고해(苦海)의 역사, 전쟁과 살해, 압박과 수탈의 흐름을 말해주는 것이라 생각합니다. 인간의 역사는 제물(자연)로부터 멀어지는, 멀어져 버린, 도망쳐 버린 역사입니다.

부처나 예수, 이러한 훌륭하신 분들이 말하는 것이 바로 타락·죄악·고해의 세상에서 벗어나, 탈출해서(Exodus) 새하늘과 새땅으로 가자·짓자·만들자는 말이라고 생각합니다. 그분들이야말로 "제물(자연)로 돌아가야 산다"를 힘주어 말했다고 해도 지나친 말은 아닐 것입니다. "제물(자연)로 돌아가자"가 에덴의 회복이고 하늘나라·극락정토의 회복입니다.

새하늘과 새땅 짓기입니다. 나중에, 후대에 들어서 그분들이 하신 말씀 중에서 "제물=자연으로 돌아가자"를 빼버리고 추상적인·환상적인, 있지도 않은 U-topos(있지 않은 땅, 나라)를 선정해서 유토피아(Utopia)로 극대화·교리화한 것은 아닌지?

우리에게 살맛 나는 누리는 바로 제물(자연)이라고 봅니다. 제물(자연)과 함께하는 제물사람(自然人)으로 돌아가 다시 태어나서 제물=자연살림살이를 하는 것이 구원이요, 행복한 살림살이입니다. 자연수행입니다. 인간중심적 문화·문명은 이미 인간을 질식 상태로 내몰아 놓고 말았습니다. 나를 텅 비우고, 나를 제물(자연)로 되돌리고, 나를 텅 비게 해서 제물(자연)과 함께 하늘·따앙·사람과 더불어 넉넉함을 되찾아야 할 것입니다.

인류 문화·문명사를 되돌아보면 인간이 손 댄 자리·그 곳·그 일이야말로 제물(자연)을 무너뜨리는 파괴였으며, 오늘날까지도 그 이념, 그 이데올로기·그 종교·그 철학·그 사상·그 학문·그 예술은 제물(자연)무너뜨림을 계속하고 있는 실정입니다. 정치·경제·사회·과학·기술·제반 분야에도 마찬가지입니다. "모두다 제자리로 돌아가자!" 제물로, 자연으로 돌아가는 것이야말로 이 파괴와 질식·붕괴·절망·파멸의 수렁(늪)에서 벗어나는, 구원받는 일이라 생각합니다.

환생이란 제자리로 돌아가서 새로운 삶, 살림살이를 하자는 말로 바뀌어야만 합니다. 하늘나라도 마찬가지입니다.

「모두 다 제자리로=제물로, 자연으로(復本·返本)」는 하늘로·따앙으로·사람다운 사람으로 다시(스스로) 태어남의 마음(몸)다짐을 하자는 것입니다. 인간중심주의가 펼쳐 놓은 정치·경제·사회·문화·문명·과학·기술·종교·교육은 이제 더는 지속될 수 없으며 자기 파멸을 벗어날 수 있는 자생 능력·정화능력을 잃고 말았습니다. 이제 거기에서 벗어나(Exodus) 제자리=제물(자연)로 제물=자연살림살이를 해야 합니다. 제물(자연) 그 자체가 되어야 합니다. 제물(자연) 그 자체로 새롭게 태어나야 하는 태어남의 아픔=쓰라림(產苦)을 톡톡하게 치러야 합니다. 그 길밖에 다른 길은 어디에도 없습니다.


### 7) 온밥=한울밥 먹음으로 가는 길

제물(자연)은 스스로 제 값을 치르면서 아름다운 꽃으로 피어나고, 영근 열매를 맺습니다. 제 값을 치른다는 말, 글은 제 몫을 다한다는 뜻입니다. 제 값은 제 몫입니다. 꽃들은 씨에서 꽃으로, 알이 되기까지는 아프고 쓰리며, 괴로움과 업신여김을 받으면서 제 값을 치른 만큼 제 몫을 다하게 됩니다. 인간의 눈으로 보면, 물·홍수, 비·태풍, 바람, 눈, 꽃샘바람·골바람, 이슬·물방울, 서리·된서리·찬서리, 햇볕·햇빛·퇴약볕·불볕(더위), 벌레, 병·병충해, 휘둘림·꺾음·찢음·부러뜨림, 짓밟힘·인간·짐승들의 짓밟음, 먹힘·뽑힘·땅위로 솟아남, 파임, 막힘·덩굴·큰 나뭇잎 그늘 따위로….

꽃들은 제 값을 치러서 드디어는 아름다운 꽃으로, 영근 열매로 제 스스로에게 제 몫을 다합니다. 이런 것이 제물=꽃들의 살림살이입니다. 꽃들에게 있어서 치르는 것 자체가 제 몫을 다하는 것입니다.

맛 좋은 물 먹은 꽃으로 싱그럽게, 단비 먹은 꽃으로 촉촉하게, 바람 맞은 꽃으로 곧곧하게, 이슬 받은 꽃으로 영롱하게, 서리 받은 꽃으로 세차게, 햇빛 받은 꽃으로 아름답게, 햇볕 품은 꽃으로 부드럽게, 벌레 먹은 꽃으로 제물스럽게, 휘둘림 받은 꽃으로 넉넉하게, 짓밟힘 당한 꽃으로 당당하게, 먹힘 당한 꽃으로 늠름하게, 막힘 당한 꽃으로 자유롭게, 꽃들은 제물(자연) 안에서, 제물(자연)과 더불어, 제물 그대로 텅 빈 넉넉함으로 살아가시는 하늘의 모습 그대로입니다. 따앙의 모습 그대로입니다. 사람다운 사람 모습 그대로입니다. 꽃들은 바로 한울(님)이기 때문입니다.

꽃은 한울입니다. 온누리 아름답게 꾸미시는 꽃이야 꾸밈 없으신 제물(자연)입니다. 제물로 사시는 꽃은 제 값으로 제 몫을 다하시는 아! 꽃은 한울입니다.

꽃은 밥입니다. 온누리 모든 목숨, 우리네 목숨을 기르시는 먹이입니다. 「꽃」=「ㄱ+ㄱ+ㅗ+ㅊ(ㅊ=ㅈ+ㅎ, ㅈ=ㅅ+ㅎ)」 : "하늘이 내려주신 바 그대로 하늘이 내려주신바 그냥 그처럼, 그토록, 그저, 그답게, 그 되게, 그렇게 새갈마노(東西南北) 어디에서나. 봄, 여름, 가을, 겨울, 언제나 빛나다, 비치다, 비추다. 하늘을 짓다. 아름답게. 따앙을 짓다. 아름답게. 사람을 짓다(지다). 아름답게. 하늘을 살다. 살리다. 따앙을 살다. 살리다. 사람을 살다. 살리다." 입니다.

꽃은 '밥' 입니다. 밥은 참 빛으로 참 빛을 낳게 하시는 한울(님)입니다. 꽃은 한울이기 때문입니다. 꽃이 없으면 밥이 없습니다. 꽃은 우리네 목숨입니다. 한울목숨입니다. 한울먹이입니다. 꽃이 없으면 모든 목숨은 죽습니다. 사라진다는 말씀입니다. 꽃은 밥이고 밥은 빛이시고 빛은 한울이기 때문입니다. 왜 밥이 한울이냐? 밥은 빛이시기 때문입니다. 빛은 한울이기 때문입니다. 온밥 이야기, 한울은 꽃이며 밥입니다. 한울은 온밥입니다. 한울은 온꽃입니다. 우리네 목숨은 온밥을 먹어야 합니다. 온밥을 먹어야 온몸이 됩니다. 온밥은 한울밥입니다. 한울밥이야말로 온밥이고 온몸으로 다시 살아나게 됩니다. 온몸짓기(건강)은 온밥짓기이며 한울짓기입니다. 온나 짓기, 온너 짓기, 온우리 짓기입니다. 나·너·우리짓기=한몸짓기 (Onecarnation)입니다. 온밥 먹기는 온밥 짓기에서, 온제물(온자연) 짓기에서, 온한울 짓기에서 비롯됩니다. 온밥 먹기는 온몸 짓기에서, 온삶=살림살이짓기에서 비롯됩니다.

꽃은 온밥먹고 살아가듯이 나도 온밥먹고 살아가야 합니다. 온밥을 먹을 때, 온몸이 지어질 것입니다. 온밥은 온몸이고 온몸은 온

한울입니다. 온누리에서 우리는 온밥으로 살아가야 합니다. 그때에 우리는 모두가 텅 빈(밥이 되어) 넉넉함으로(배부른, 살맛 나는) 살아갈 수 있을 것입니다.

텅 빈 넉넉함으로는 우리네 살림살이의 바탕입니다. 새암입니다. 뿌리입니다. 밑받침입니다.

21세기 제물(자연)살림살이(수행-修行)는 바로 텅 빈 넉넉함으로 살아가는 살림살이가 되어야 합니다. "제자리에서 모두 다 제자리로 돌아가, 꽃이되어 아름답게, 밥이되어 넉넉하게, 한울되어 온살림살이로, 피어나서=영글어서, 피어나서=열매되어 살으오리다, 살으오리다"를 선언해야 합니다.

한울이 온밥입니다. 사람은 온밥으로 살아갑니다. 온밥은 한울입니다. 사람은 한울(님)으로 살아갈 때 온달이 됩니다. 온달은 온밥입니다. 밥오(바보)입니다. 바보는 밥오로서, 새갈마노(東西南北) 밥오, 봄·여름·가을·겨울 밥으로 살아가는 사람을 말합니다. 바보(밥오)는 한울입니다. 온누리는 한울이시고 온밥입니다. 온달이고 바보(밥오)입니다.


꽃은 밥입니다. 바보입니다.
땅은 밥입니다. 바보입니다.
사람은 밥입니다. 바보입니다.
풀나무, 물, 흙, 바람, 햇빛, 햇볕, 이슬, 서리, 비, 눈… 온누리에서 함께 살아가시는 모든 목숨, 몸들은 서로가 서로에게 밥입니다. 밥오(바보)입니다.

한울은 「밥」입니다.

밥은 한울(+)입니다.

「밥」은 「온밥」이 되어야 합니다.


'빛' 인 「ㅂ(비읍)」은 "하늘로만, 따앙으로만, 사람다운 사람으로만 차다, 채우다"가 됩니다. 그리하면 "하늘 빛으로, 따앙 빛으로, 사람다운 사람의 빛으로 빛나다, 빛내다, 비추다, 비치다"가 되는 그것이 바로 밥입니다. 참빛은 참밥이기 때문입니다. 우리가 밥을 먹는다는 것은 참빛이신 한울을 먹는다는 것입니다. 한울은 온밥이기 때문입니다.

나는 다른 몸(너)를 먹고 살아갑니다. 나도 반드시 내가 먹은 그만큼은 너에게(내가)먹이가 되어야 합니다.


밥이 나의 먹이입니다.

똥이 너의 먹이입니다.


똥이 너의 먹이가 되지 못한 살림살이는 어딘가 잘못되어 있습니다. 남(너)을 자라나지 못하게 합니다.


나는 너를 먹고

너는 나를 먹음으로

우리는 서로가 서로를 살리는 밥(먹이)이 되는 것입니다.

나의 먹이와 너의 먹이가 그 균형, 조화를 깨어 버릴 때 평화(고른 삶)는 꽃 피어나지 못합니다. 몸은 병들게 됩니다. 내가 먹은 만큼, 꼭 그만큼 내가 너를 먹이는 밥이 되어야 합니다.

내가 너를 먹을 권리는(나에게) 결코 없기 때문입니다.

나는 너이고 너는 나로서 나너(너나)는 우리(한몸)이기 때문입니다.


### 8) 온밥=한울밥을 먹음으로 가는 길

온일은 온밥이 됨입니다. 다른 목숨들에게 목숨(생명)의 밥이 됨입니다. 밥(먹이)이 됨이야말로 가장 큰, 거대한 일입니다. 먹히는 일과 먹는 일이 똑같아져야 합니다. 먹는 일이 먹히는 일과 그 값이, 그 무게가, 그 몫이 똑같아질 때 고른살림살이-평화(平和)는 꽃으로 피어날 것입니다. 내가 다른 몸에게 먹히려고 하지 않음은, 수행(修行)은 다른 몸을 먹음만이 있기 때문에 먹히우는 목숨들에게는 결코 평화(고른삶)가 없게 되겠지요. 「텅 빈」은 「먹힘」이고 「넉넉함」은 「먹음」이기 때문입니다.


　　텅 빔이 넉넉함이고
　　먹힘은 먹음입니다.
　　텅 빈이 넉넉함으로 살리고 살아 갈 때
　　먹힘이 온 먹음으로 살고 살려갈 때

고른삶(평화)–살림살이는 우리를 제물(자연)살림살이 속으로 성큼 다가오게 할 것이며 꽃처럼 피어나게 될 것입니다. 이것이야말로 온일(한울일)인 것입니다.

나만 먹으려는 것은 어쩌면 극심한 가난(한 마음)에서 비롯되었다고 봅니다.

21세기 제물(자연)수행(修行) 살림살이는 내가 하는 온일이 그야말로 한울일이 될 때 이루어지는 살림살이인 것입니다. 온일은 온때의, 온철의 일입니다. 봄, 여름, 가을, 겨울에 하는 일이 한울일이 되어야 합니다. 온일은 온자리, 온곳의 일입니다. 새갈마노에 하는 일이 한울일이 되어야 합니다. 온일은 온몸으로 다하는 일입니다. 돈을 받고 팔려가는 일이 아닙니다. 온몸으로 온몸을 한울몸으로 다시 새롭게 태어나는 일입니다.

온일–온몸일–한울몸일은 제물(자연)속에서 자연인(自然人)–제물 사람으로 제 자신을 짓는 일입니다. 제 자신을 짓는 일은 바로 씨알을 가꾸는 일입니다. 씨앗을 가꾸는 일은 바로 제 밥을 짓는 일인 것이기 때문입니다. 온일은 바로 목숨을 거는 일입니다. 제 목숨을 걸지 않는 일은 온일(한울일)이 아닌 것입니다.

온일은 한울의 뜻을 다 이루는 일입니다.

한울의 뜻이란 하늘의 뜻이며, 따앙의 뜻이고, 사람다운 사람의 뜻을 말합니다. 하늘의 뜻을 다함이란 한울의 얼대로 살아가는 일입니다. 하늘의 뜻대로 산다는 것은 날마다 하늘 되려고 빌고 비는 마음에서 비롯됩니다. 제사 지냄(하늘모심)을 말합니다. 하늘모심은 나를 모시는 일입니다. 나를 하늘로 모시는 일입니다. 나를 하늘로 제사 드리는 일입니다. 나를 텅 비게 하고 하늘로 가득 차서 넉넉해지기를 비는 것입니다.

따앙의 뜻을 다함이란 따앙의 꼴·틀대로 살아가는 일입니다. 씨앗을 가꾸는 일입니다. 자라나게 하는 일입니다. 꽃 피우고 열매 맺게 하는 일입니다. 이보다 더 큰 따앙의 뜻대로 살아가는 일은 없다고 봅니다.

사람다운 사람의 뜻을 다함이란 사랑함입니다. 다사랑함입니다. 온사랑 다함입니다. 사랑이란 「살다와 살리다」의 주체화를 뜻합니다. 나도 잘 살고 너도 잘 살게 하여 우리 모두가 잘 살고 잘 살리는 온일을 말합니다. 다사랑함은 인간중심의 사랑함이 아니라 우주(한울) 중심의 사랑함을 말합니다. 온사랑, 다사랑함을 뜻합니다. 「살다+살리다」를 말합니다. 온일은 한울일로서 「살다」의 일이며 동시에 「살리다」의 일입니다. 살다와 살리다는 짝말로서 두 말글 모두 같은 한울사랑을 뜻합니다. 온일은 온삶(「살다+살리다」)입니다. 온살림살이입니다. 온일은 한울일로서 우리 모두를 넉넉하게 해주는 따뜻한 사랑의 혁명을 말합니다. 온일은 온나·참나의 일로서 나를 가장 아름답게 지어 가는 아름다운 넋=영혼의 일입니다.

## 2. 자연수행 – 나의 갈 길 다 가도록

21세기 자연수행은 지금까지 인간중심적 종교 수행을 떠나서, 훨씬 넘어서 한울=우주중심의 수행=한몸짓기살림살이(The One-Carnation living Way)를 말합니다. 우주 운행의 법칙=길을 따라서 살아가는 수행=살림살이를 말합니다. 수행(修行)은 우주 운행을 따름이고 다함이 되어야 합니다.

우주 운행의 길(법칙)을 따르고 다함으로 인간중심의 길에서 벗어나(Exodus) 우주 운행의 길 그 자체가 됨을 말합니다. 20세기까지 인간중심적 종교의 틀·꼴·정신·설법·설교·강의·강론·설명 일체를 내던져 버리고 새롭게 '나'를 한울=우주로 살아감이야말로 21세기 자연수행=한몸짓기살림살이입니다. 우주=한울중심적 제물(자연)살림살이를 새로운 인간의 탄생으로 그 획을 잡아야 하겠습니다.

내가 땅=흙을 좋아함은 나 또한 땅=흙에서 태어났기 때문입니다. 나는 땅이고 흙입니다. 땅=흙은 어머니이고 어머니의 살입니다.

내가 어머니에게서 나왔음(낳음)은 바로 땅에서=흙에서 나왔다(낳음)는 뜻입니다.

땅=흙을 다 알지 못하는 나를 다 알 수 없습니다. 나는 하늘이고 땅(흙)이고 사람다운 사람이기 때문입니다.

나의 갈 길 다가도록 21세기 자연수행의 길은 바로 제물살림살이의 길입니다. 나는 하늘에서 내려왔습니다. 하늘의 아들, 딸입니다. 땅=흙에서 나왔습니다. 땅의 아들, 딸입니다. 사람(어머니+아버지)에게서 왔습니다. 어머니, 아버지의 아들, 딸입니다.

내가 비를 좋아함은 내가 물이기 때문입니다. 비로부터 배워야 하는, 드디어는 비가 되는, 비로 내려서 마른 땅=흙을 촉촉하게 물기 나는 땅으로, 흙으로 지어서 씨알에게서 새싹을 트게 하는, 뿌리 내리게 하는, 떡잎으로 싹트게·움트게·눈 나게 하여, 줄기·가지·잎 퍼지게, 꽃으로 피어나게, 열매를 영글어가게 하는 비가 되어서 골짜기 물로 흘러내려서, 시냇-물에서 가람으로, 바다로 넘치게 하는 한울의 일을 배워야 합니다. 나는 물에서 태어난 물이기 때문입니다.

내가 빛을 좋아함은 내가 빛이기 때문입니다. 아침햇빛, 한낮의 햇빛, 저녁햇빛=저녁노을로 붉어지는, 새벽녘으로 붉게 타오르는 빛에서 태어났기 때문입니다.

아침해를 좋아함은 나는 빛의 아들이고 빛의 딸들=빛의 사람이기 때문입니다. 내가 하늘모심은 잴 수 없는 높이, 잴 수 없는 넓이 그들을 좋아하기 때문입니다. 내가 바로 하늘의 아들이요 딸, 하늘사람(Incarnation)이기 때문입니다.

나는 하늘에서 내려온 사람입니다. 하늘사람=하나님의 사람(아들·딸)입니다. 하늘마니*입니다.

내가 땅·흙을 좋아함은 나 또한 땅·흙에서 태어났기 때문입니다. 나는 땅이고 흙입니다. 땅·흙은 어머니이고 어머니의 살입니다. 내가 어머니에게서 나왔음은 바로 땅에서=흙에서 나왔다는 뜻

입니다. 땅·흙을 알지 못하고 나를 다 알 수 없습니다. 나는 하늘이
고 땅(흙)이고 사람다운 사람이기 때문입니다. 나의 갈 길 다 가도록
21세기 자연수행의 길은 바로 제물살림살이의 길입니다. 나는 하
늘에서 내려왔습니다. 하늘의 아들·딸입니다. 사람(어머니+아버지)에
게서 왔습니다. 어머니·아버지의 아들·딸입니다.

　21세기 자연수행의 길–나의 갈 길 다 가도록은 내가 하늘에서
왔으니 하늘의 뜻따라, 하늘의 얼 따라 살아가는 살림살이를 말합
니다. 내가 땅·흙에서 왔으니 땅·흙의 꼴대로, 틀대로 살아가는
살림살이를 말합니다. 내가 사람–어머니+아버지에게서 왔으니 어
머니+아버지인 사람의 목숨대로 살아가는 살림살이를 뜻합니다.

　모든 종교의 경전이나 교리–설교–설법이란 무엇이겠습니까?
석가족의 사람(석가모니)인 고타마 싯다르타에 앞선 셀 수 없이 많은
부처의 길을 따름이란 무엇을 말하는 것입니까? 조로아스터교, 이
슬람교, 유태교, 힌두교, 기독교, 동학인 천도교나 무엇으로도 다
드러낼 수 없는 종교의 경전·교리·설법·설교는 하늘의 뜻대로
땅·흙의 꼴·틀대로 사람다운 사람의 사람으로 넘치는 살림살이

---

＊「마니」는 (사람)을 뜻합니다.
　보기) 심마니·어인마니·돌마니·…(Dolmen)
　살마니(Shaman)- 샤만·샤먼…으로
　man(만), men(먼)
　women(움마니, 엄마니). -Women
　구의만(마니), 석가마니(머니·모니)- 샤카족의 사람

대로 살아가자는 것이라 여겨집니다. 모든 종교는–경전·성서, 불법·설교, 교리는 자연·우주의 몸인 '나'라는 교과서(Text)를 설명=풀이하고자 하는 참고서(Reference)에 불과합니다.

경전이나 교리·설법·설교는 어디까지나 그 시대의 반영으로서 어쩌면 편견이거나 고집·아집일 수 있습니다. 종교적 배타성은 역사적으로 하늘과 땅·사람들에게 엄청난 악폐를 끼친 것도 부정할 수 없는 사실입니다.

자연(自然)*은 한울의 뜻(-하늘의 뜻, 따앙-흙의 길, 사람다운 사람의 살림살이)를 드러내는 한울살림살이의 본보기입니다. 자연의 살림살이를 통해서 한울의 길(21세기 자연수행)를 걸어갈 수 있으리라 믿습니다. 자연은 하늘의 뜻의 반영으로서 천연(天然)이라고도 합니다. 땅의 뜻의 반영으로서 지연(地然)이라고도 합니다. 사람다운 사람의 뜻을 반영하는 말로는 인연(人然)이라고도 합니다.

21세기 자연수행은 산과 바다, 벌레와 짐승, 풀과 나무, 그들과 함께 사랑과 고른 삶(평화)넘치는 삶을 살아가고자 하는 살림살이입니다. 모든 풀꽃이 아름답게 피어나듯이 우리 모두가(제가 그토록 바라는 그 누리 안에서) 함께 보듬어주며 살아가자는 것입니다.


* 자연은 하늘·따앙·사람의 반영으로서 모든 관계를 인연(因+緣-원인과 결과-결과와 원인 관계)의 법칙(길)에 따라서 자연관계를 이루어내는 것입니다. 자연은 하늘과 따앙·사람(人間만을 말하지 아니하고 목숨을 이루는 모든 몸들을 말합니다)과의 관계(인연)의 반영입니다.

21세기 자연수행은 어떤 특별한 경전이 없습니다. 흙이 경전이고, 빛이 경전이며, 물이 경전입니다. 비·바람·눈·이슬·서리, 풀과 나무, 벌레와 짐승 등등이 모든 것들이 살아 있는 경전입니다. 그 경전을 "살아 있는 몸의 말씀–몸인 경전–하늘말씀" 이라고 합니다. 몸이 바로 경전입니다. 몸이 아프면 아프지 않게 하라…가 하늘말씀인 것입니다. "슬프면 슬프지 않게 하라, 괴로우면 괴롭지 않게 하라"가 경전입니다. "아프면 아프지 않게 하라, 배고프면 배고프지 않게 하라, 일거리 없으면 일거리 마련해주라"가 몸인 경전–말씀–성서(성경)입니다. "배 아프면, 배 아프지 않게 하는 것" 이 한울말씀 경전입니다.

자연수행은 비우는 일입니다. 넘치는 것을….
자연수행은 채우는 일입니다. 덜 차있는 것을….

빈 그리움을 불리는 일입니다. 채우는 일입니다.
빈 사랑을 불리는 일입니다. 채우는 일입니다.
밥을 먹음으로 빈 배를 채우는 일입니다.
밥을 비워서 찬 배를 채우는 일입니다.
알맞게 살아가는 일입니다. 자연수행은 더/덜 없이 텅 빈 넉넉함으로, 더도 아니고 덜도 아니게, 더도 없고 덜도 없는, 가운데 자리야말로 텅 빈 넉넉함의 자리입니다. 치우침 없는 살림살이를 뜻합니다.

자연수행은 지구가 돌아가듯이, 해가 돌아가듯이 우주의 운행에 따라서 어느 곳으로도 치우침 없는 운행=살아감=살림살이(살리다=살다)를 뜻합니다. 길을 닦다…닦아감입니다. 울퉁불퉁하지 않게 길을 치다·치워감입니다. 고르게 꼭 알맞게, 더/덜 없는 살림살이*야말로 우리가 바라는 21세기 자연수행입니다.


1) 다사랑함이니 (1)
어느 길을 가든지
어떻게 피어나든지
어떤 꼴로 영글어가든지


다사랑함입니다.
가든지
오든지
있든지 없든지
나름대로 살아가옴이
다사랑함입니다.
살아 있든지
죽어 갔든지


* 더/덜 없는 살림살이-중정지도(中正之道)입니다. 비어있지도 않고 넘치지도 않은 가득함의 그릇을 말합니다. 텅 빈 넉넉함의 그 자리를 말합니다.

이제 여기에서 함께
숨 쉬고 있음을
외롬 넘어서 아픔 넘어서 괴롬 넘어서
다사랑함입니다.
타는 그리운 사랑입니다.
이 한목숨 다 함으로

살앙*입니다.

「살」은
 살다
 살리다
「앙」은 너 나 우리 함께…
를 뜻합니다.
사랑이란…
사람이 되는 것입니다.

사람은 나도 잘 살고
다른 사람도 잘 살게 하시는

\* 天+地=人    天人+地人=人人

제물=한울=우주라 합니다.
사랑은 사람 되는 몸짓이고 몸일입니다.
잘 살리지 못하는 사랑은 쪽진 사랑입니다.
잘 살지 못하는 사랑은 쪽진 사랑입니다.
사랑은 온짝짓기입니다. 한울짓기 한몸짓기입니다.
한울짝짓기입니다. 한몸짓기살림살이입니다.
사랑은 온사람됨의 바탕입니다.
사랑함으로
온사람을 낳기 때문입니다.

짝짓기 없음은 사랑 없음입니다.
사랑 없음은 새로운 목숨=아기 없음입니다.

사람이란 하늘삶을 살면서 하늘의 것을 먹고 하늘일을 하는 사람입니다. 따앙삶을 살면서 따앙의 것을 먹고 따앙일을 하는 사람입니다.

2) 다사랑함이니 (2)
다사랑함으로
텅 빈 넉넉함으로

다 가게 합니다.

다 오게 합니다.
다 줌으로
다 받음으로
한몸을 짓습니다.
한울을 다룹니다.
우주가 됩니다.

다가옴 다오감은
다 잘 살고
다 잘 살라는
다 잘 살 길입니다.
온달길입니다.
바보의 길입니다.
「빛의 나라만을 바라보다」의 삶입니다.

텅 빈 넉넉함으로
아! 사랑의 깊이는
높이는, 그 넓이는…

3) 사랑은 하늘밥을 먹음이니
하늘밥이란 빛입니다. 밥은 빛입니다. 빛은 하늘밥이지만 우리
의 밥상살림살이에서 멀어져 버렸습니다. 하늘밥인 빛이 없으면

우리가 먹는 밥은 목숨의 힘(生命力)을 내지 못합니다. 빛은 밝음, 따스함, 모든 몸을 자라나게 하는 힘, 그리고 다른 밥들을 한울밥되게 하는, 새롭게 지어=만들어 내는 창조의 힘을 지니고 있습니다.

하늘숨이 하늘밥입니다. 산소를 비롯해서 질소, 수소 할 것 없이 하늘숨이야말로 모든 목숨을 살아 있게 하는 하늘밥입니다. 이 한울밥=하늘밥을 받아 모시지 못하면 우리 몸은 지탱할 수 없습니다.

하늘밥은 물입니다. 비가 내려서 다시 땅에 스며들어 가람으로 바다로 갔다가 다시 하늘로 올라가서 비로 내려 우리 몸을 지어나가는 목숨물(생명수)은 하늘밥입니다. 물이 없음은 죽음입니다.

풀이 하늘밥이고 나무가 하늘밥입니다. 말할 나위도 없이 하늘의 짝이 땅이기 때문에 하늘밥은 곧 땅의 밥입니다. 땅의 밥인 쌀(벼, 보리, 콩, 팥, 녹두, 수수, 땅콩, 기장, 조…)은 빛의 덩어리 입니다. 땅의 밥을 땅젖(地乳-(박제상, '부도지')-라고 했습니다)이라고 말했습니다. 땅젖은 대지(大地)인 어머니의 젖입니다. 땅젖만으로 살아가야 합니다. 사람은 사람의 밥을 먹어야 합니다. 사람의 밥은 '사랑'입니다. 우리는 사랑을 먹고 자라납니다. 사랑받지 못하면 죽은 목숨입니다.

사람은 「살다+살리다」의 살림살이입니다. 사람이 「살다+살리다」를 온몸으로 다 이룸이 바로 사랑입니다. 사람은 「살다+살리다」의 몸짓=몸일=몸함입니다.

사랑받지 못하면 죽은 목숨이듯이, 사랑하지 못함은 마찬가지로 죽은 목숨입니다. 사랑은 목숨(생명)받음입니다. 사랑은 나를 줌이고 너를 받음입니다. 너와 내가 '우리'로 목숨 주고 받음–받고 줌인 것입니다. 사람의 밥은 '사랑' 입니다. 사랑은 한울이기 때문에 사람은 한울(사람)의 밥인 것입니다.

21세기 자연수행은 사랑의 다이룸(完成)=다사랑함입니다. 텅 빈 넉넉함으로, 남김없이, 다 주고 다 받음=다 받고 다 줌입니다.

다 주고 다 받음은 한쪽에서 이루어지는 것이 아니라 두쪽=온쪽에서 이루어지는 것으로서 더/덜 없는 한가운데 자리(중정·中正)에서 균형과 조화(Balance-Harmony)를 이루게 됩니다. (일방은 타방에 대한 침략·공격입니다. 주고받음의 사랑은 고른 살림살이의 살림입니다)

밥의 원리와 똑같습니다. 더/덜 없음의 길입니다. 더 먹어서 너무 배불러서도 아니 되며, 덜 먹어서 너무 배고파서도 아니 됩니다. 밥통이 바라는 그만큼으로 넉넉해져야 합니다. 사랑–한울사람의 밥–도 그러합니다. 더/덜 없는 사랑이야말로 사람의 밥인 한울사람의 밥이 됩니다. 한울사람의 밥인 사랑은 어디에서 오는 것인가? 한울사람의 밥인 '사랑' 은 「살다+살리다」의 힘입니다. 사랑의 힘은 바로 하늘밥을 제대로 먹을 때 생겨납니다. 바로 따앙밥을 제대로 받아 모실 때 이루어지는 사람의 힘입니다. 사랑은 사람의 힘입니다. 사람은 「살다+살리다」의 집행자(실천자),(수행자)입니다. 「살다+살리다」를 수행하는 일이 다름아닌 '사랑' 입니다. 자연수행입니다.

나만 잘 산다는 건 욕심·집착·아집·교만입니다. 너만을 잘 살게 한다는 건 환상·종교·거짓·편견입니다. 나도 잘 살다+너도 잘 산다=우리 모두가 잘 산다(살다+살리다)야말로 참사랑입니다.

참사람만이 참사랑을 할 수 있습니다. 「참」이란 "하늘밥으로, 따앙밥으로, 사람다운 사람의 밥으로 차다"를 뜻합니다.

　'참'은 하늘의 것으로만 채워집니다. 따앙의 것으로만 채워집니다. 사람다운 사람의 것으로만 채워집니다. 참사랑도 마찬가지입니다. 하늘의 것으로, 따앙의 것으로, 사람다운 사람의 것으로만 채워진 사람만이 '참사랑'입니다.


　4)「바라보다」의 아름다운-바보(머슴)의 미학

　하늘바라기, 따앙바라기, 사람바라기…. 하늘만 바라다보는, 땅만 바라다보는, 사람다운 사람만 바라다보는 그러한 사람을 '바보'(머슴)라고 합니다. '바라보다'의 바+보입니다.

　바(「ㅂ+ㅏ」) : 참빛 드러내기-살리기

　라(「ㄹ+ㅏ」) : 한울-목숨의 힘 드러내기-살리기

　보(「ㅂ+ㅗ」) : 참빛으로 온누리 엮어내기-살리기

　다(「ㄷ+ㅏ」) : 모두, 다, 모든 몸(뜻) 이뤄내기-살리기

　「바라보다」에서 본 '바보'는 빛의 나라만=한울나라만=제물나라만=자연 온누리만 바라보는 사람을 말합니다. 빛의 나라만 바라보는 사람이야말로 그제나 저제나 이제나, 바보(사람)입니다.

　가장 아름다운 것은, 아름다움을 배울 만한 자리는 바보의 자리입니다. 빛의 나라만 바라볼 수 있는 자리입니다. 그 자리가 바로 자연수행=제물살림살이의 자리입니다. '바보의 자리'가 바로 '빛의 자리'입니다. 빛의 자리가 다름아닌 태어날 자리, 자라날 자리, 사그라질 자리인 집입니다. 그 집이 바로 우주=한울입니다. 바보

(머슴)의 미학은 해방의 미학이고 자유의 미학입니다.

해방한 사람만이 바보(바라보다)입니다.
자유한 사람만이 바보(바라보다)입니다.

인간중심의 문화와 물질은 바보의 미학을 거절합니다. 거부합니다. 역행합니다. 거역합니다. 바보(바라보다)의 미학을 저주합니다. 인간중심의 문화와 문명은 바로 하늘·따앙·사람다운 사람을 거역하는 데서 비롯된 것입니다.

하늘거역자가 인간(人間, Homo Sapience)입니다.
따앙거역자가 인간(人間, Homo Sapience)입니다.
사람거역자가 인간(人間, Homo Sapience)입니다.

인간중심적인 문화와 문명은 바보의 사랑을 거역합니다. 인간중심적인 문화·문명에서 벗어나(Exodus) 한울중심의 문화·문명(한울과학)으로 거듭나고자 함이 바로 텅 빈 넉넉함으로라는 21세기 자연수행의 길입니다. 텅 빈 넉넉함으로라는 21세기 자연수행=사람(살다+살리다)의 혁명=따뜻한=녹이는 혁명으로 바라보다=바보를 회복하고자 하는 거듭남의 제물살림살이입니다.
바보의 미학(바라보다-빛의 나라만 바라보면서 살림살이하다)은 빛 된 살림살이만 하는 사람의 아름다움입니다. 빛이신 한울만 바라보는 사람=바보가 되는 것입니다.

지난 세기의 종교적 죽은 가르침=목숨 없는=살아 있지 못한 교리·교의(도그마·Dogma)=설법·설교를 넘어서 팔팔하게, 살아 움직이고 있는 빛의 나라(하늘나라, 땅의 나라, 사람다운 사람의 나라)=몸의 나라의 사람인 「바보」-빛의 나라만을 바라보다-됨을 가장 보람된 값어치로 삼자는 것이 '바보의 미학' 입니다.

「바보」는 '밥보' 입니다. 한울밥만 먹는 사람입니다. 한울밥이란 하늘이 내려주시는 하늘밥, 따양이 지어주시는 따양밥, 사람이 만들어 주시는 사랑(사람)밥을 말합니다. 「바보」는 한울 빛으로 찬란하게 빛나는 빛의 나라만 바라보는 사람입니다. 한울밥만 먹고 사는 사람입니다. 땅의 밥만 먹고 사는 사람입니다. 사랑의 밥만 먹고 사는 사람입니다. 「바보」는 아름다운 사람입니다. 바보의 미학은 사람다운 사람의 아름다움입니다.


5) 큰절올림은 몸은 우주이기 때문입니다
몸은 우주입니다
우주는 몸입니다.
씨몸으로
알몸으로
몸은 우주로 살아 있습니다.
우주는 몸으로 살아 있습니다.
좁쌀 한 알은

모래 한 알은

땅흙 한 알은

물 한 방울은

피 한 방울은

살 한 점은

털 한 줄은


우주입니다.

몸은 우주로 살고

우주는 몸으로 살아갑니다.

우주인 몸 앞에서

큰절 올림은…

이것이 따뜻한=녹이는 사랑의 혁명=텅 빈 넉넉함으로 반드시 이루어 나가야 하는 21세기 자연(영성)수행의 길입니다. 다른 말로 "하늘·땅·사람들이 함께·하나로, 한몸으로 살다"이고 죽는 한몸 짓기살림살이(Onecarnation living way)입니다.


6) 이 길 걸을 수 있어서

아무렇지도 않게

아무것도 아닌

나로

피었다 진다

영근 씨알 궁그리면서
매끄러운 숨결 아니라 해도
거치른–이 길 걸을 수 있어서
함께 걸으며
이야기 나눌 수 있어서
좋아라

아무렇지도 않게
아무것도 아닌
나로 따슨 봄날 맞이한다

이 길 걸을 수 있어서

# 제6부

# 자연수행, 그 실천
## ‥ 한몸짓기 살림살이

# 1. 몸

몸은 말이고 글입니다.

몸은 살이고 숨입니다.

몸은 몸대로 자라납니다.

몸은 한울=우주이기 때문입니다.


## 1) 자연(영성)수행의 실천 – 한몸짓기살림살이

한몸짓기살림살이는 하늘몸 짓기입니다. 따앙몸 짓기입니다. 사람몸 짓기입니다.

제물삶=한울삶=살림살이는

"하늘몸 + 따앙몸 = 사람몸"

"하늘밥 + 따앙밥 = 사람밥"

"하늘일 + 따앙일 = 사람일" 로 피어납니다.

사랑함으로 태어난 모든 사람은 한울몸으로 하늘밥을 먹습니다. 따앙몸으로 따앙밥을 먹습니다. 사람몸으로 사람밥(사랑)을 먹습니다.

하늘몸이 되는 길은 하늘을 사랑함으로만 됩니다.

하늘밥을 먹음으로만 하늘사랑이 이루어집니다.

하늘을 사랑하는 사람이라야만 하늘사람이 됩니다.

따앙몸이 되는 길은 따앙을 사랑함으로만 됩니다.

따앙밥을 먹음으로만 따앙사람이 이루어집니다. .

따앙사랑이 이루어집니다. 따앙사랑은 따앙사람입니다.

따앙사람은 따앙을 지킵니다.

사랑은 한울=우주로서 하늘·따앙·사람을 하나되게 하시는 하나님이시기 때문입니다.

'사랑'은 한울(우주)=사람입니다.

텅비움은 사랑(살다+살리다)으로 성큼 다가가게 하는 지름길입니다. 너를 채우는 일이기 때문입니다. 너를 넉넉하게 함이기 때문입니다. 텅 빈 넉넉함은 네가 넉넉해짐으로써 나도 넉넉해지는 사람의 길입니다. 왜냐? 너는 나이기 때문입니다. 텅 비움은 너에게 가는 길을 열어=활짝=열어주는 일입니다. 네가 가는 길이 바로 내가 가는 길이 되기 때문입니다.


하늘이 그러하듯이 빛이 그러합니다.

따앙이 그러하듯이 흙이 그러합니다. 제물이 그러하듯이 풀이 나무가 물이 그러합니다.

사람이 그러하듯이 누구에게나 바람이, 비가·이슬이·서리가 그러합니다.

사랑은 한없이=무한히 열린 길이요, 물이요, 창이며, 집입니다. 무한히 빛나는 불입니다. 불이 우주를 밝힙니다. 불은 한울불이요, 우주의 불입니다. 우주는 집이요, 그 집안에는 빛(불)으로 가득차 있습니다. 집은 참빛을 짓고 참빛은 온(다)으로 온누리를 빛나게 함입니다. 우주=한울=집은 빛(불)이고, 빛은 집입니다. 집은 빛(불)을 받음으로 채워지고, 빛(불)은 집이 있음으로써 빛나게=밝게=환하게 할 수 있습니다. 이것이 다사랑함입니다.

다사랑함으로 비로소 참사람이 됩니다. 한울(우주)이 됩니다. 다사랑함으로 사람이 짝을 지어 짝짓기를 합니다. 짝짓기를 해서 태어난 아기=아들·딸 앞에서 사랑하는 나·너·우리는 아기의 아버지·어머니로 비로소 태어나게 되는 것입니다. 그래서 아이에 대한 어머니 사랑=참사람이 되고, 아버지 사랑=참사람이 되는 것입니다. 사랑은 한없는 사람(들)의 사람 짓는 일(창조기능)입니다. 사랑 없으면 사람 없습니다. 아기 없습니다. 아기 없음은 사랑 없음이요, 사람 없음입니다.

사람은 새롭게 삶의 뜻을 깃들게 하는 우주=한울 짓는 창조자(조물주)가 됩니다. 사람은 곧 한울님입니다. 자연수행은 그야말로 우주=한울 짓는 사람의 실천입니다. 자연은 사랑의 온 살림살이이기 때문입니다. 우리 모두 다 제자리=제물(자연)로 돌아가 사랑의 품 안에서 우주=한울을 지어 나가야 하겠습니다. 사랑은 새로운 우주=한울을 짓는 조물주(창조자)가 되는 살림살이입니다.

## 2. 나의 일

내 안에 한울 모시는 일
한울 안에 나를 모시는 일

하늘이 되는
따앙이 되는
사람이 되는

모든 가르침에 몸 기울여서
듣는, 보는, 숨쉬는, 내음새 맡는

하늘 먹는 일, 싸는 일
따앙 먹는 일, 싸는 일
사람 사랑하는 일, 새끼 낳는 일

나로 돌아가는 일
한울로 돌아가는 일

내 일 함은


한울 뜻 이루는, 그 뜻에 다다르는
그 뜻을 이어나가는, 그 뜻이 이제
여기에서 살아 움직이고 있는, 그리하여
그 뜻이 되고 그 뜻인 나로 살아가는 일….
밥 짓는 일, 옷 짓는 일, 집 짓는 일, 사람 짓는 일

## 3. 살아 있는 몸 살아 있는 말씀

몸은 살아 있는 말씀입니다. 말과 글(쓰다)입니다. 몸은 이제 여기에서 살아 숨쉬는 오늘의 하늘말씀입니다.

지나가 버린 종교의 경전은 이미 죽은 경전입니다. 살아 움직일 수 없는, 어쩌면 죽은 사람들의 빈 말글입니다.

몸이야말로 나를 살아 있게 하는 밥인 말씀입니다. 숨인 말씀입니다. 살과 피, 뼈인 말씀입니다.

(제)종교는 이미 죽은 사람들의 해골더미입니다. 죽은 사람들이 모여드는 뼈 우려내는, 피 없는, 살 없는, 뼈 없는…, 다시 말해서 몸이 없는 빈 소리의 꼴이고 틀이며 빈 말글의 메아리입니다.

몸인 말씀(몸인 경전)은 살아있는 경전·성경·성서·경문이 되는 몸의 말과 글을 뜻합니다. 몸은 한울=우주이기 때문에 몸된 말씀이야말로 바로 몸 그 자체입니다. 몸은 한울말씀=경전=살아 있는 성서입니다. 죽은 경전은 아기=새끼를 낳지 못합니다. 살아 있는 경전=살아 있는 몸만이 새끼를 낳게 됩니다. 살아 있는 몸은 모든 몸을 살아 있게 합니다. 죽어 없는 (제)종교는 모든 몸을 죽어 없게 합니다.

몸은 끝없이 자라나는 나·풀입니다. 몸은 한울=우주입니다. 한 울=우주란 끊임없이 자라남의 꼴이고 틀입니다.

(저)죽은 종교-경전은 죽은 말·글입니다.

(저)죽은 종교-경전은 아무것도, 어떠한 몸도 자라나게 하지 못 합니다. 자라나지 못하게 질식=죽임을 자행합니다.

(저)죽은 종교-경전이 어떠한 면(점)에서 살아 있는 몸의 행로=수 행에 어떠한 도움(지나간 자취로서)이 될지도 모르겠습니다. 마고, 환 궁, 유인, 환인, 환웅, 단군, 싯달다, 예수, …최제우를 낳은 사람들 의 삶과 죽음이 우리에게 도움이 됩니다. 그들은 그 당시에 살았던 몸인 경전이었기 때문입니다. 그 이름으로 모여 있는 종교 집단입 니다. 성서-경전들은 어디까지나 참고서일 따름입니다. 몸(만)이 살아 있는 경전인 교과서이기 때문입니다. (이)몸이 없다면 지나간 역사, 오늘의 역사, 내일의 역사-종교가 무슨 소용=필요가 있겠 습니까? 이제 여기에서 살아 숨쉬고, 일하고, 괴로워하고, 슬퍼하 고, 그리워하고=사랑하고, 내일을 꾸며 보려 하고, 아기 낳고, 먹을 것 짓는, 옷 짓는, 집 짓는 그 일을 하면서 살아가는 그 몸만이 한울 이고 우주입니다. 그 몸만이 살아 움직이는 말씀=경전=성서입니 다. 몸이 살아 있는 경전=성서입니다.

몸이 없는 경전은 죽은 말글이며 사실 생명 없는 말글입니다. 죽 은 종교입니다.

살아 있는 몸이야말로 삶의 종교이고 삶의 길이 되는 말과 글= 말씀입니다.

몸은 삶입니다. 삶이 삶을 짓습니다. 삶이 없는 외우는 경전, 예배하는 우상 종교는 어떠한 음모가 있습니다. 종교집단에는 인간 지배 야욕이 거룩한 칼=비수로 숨겨져 있습니다. 그래서 종교 지배는 피바람=피비린내가 만연하게 마련입니다. 죽은 냄새나는 모든 종교–경전에 파묻혀있는 아름다운 술잔–회칠한 시체들을 넘고 넘어서 살아 있는 몸으로 돌아가야 합니다.

## 4. 여기까지 온 길

여기까지 온 길
자랑스럽게
펼쳐 보아도 좋아라

잘잘못 넘어서

그대를 그리워함으로
다 넘을 수 있는
이 길을 걸으며

부끄럼 없어서 좋아라
하늘 앞에서

여기까지 온 길
다시 되돌아간단들
보람되지 않으랴

아름다워서 좋아라

사뭇 사뭇

## 5. 씨알이 작다고 해도

작은 웃음만으로
살 만한

작은 풀 앞에서도
발길 멈추어서

작은 돌멩이 바라보면서도
그 깊이를

작은 사람들끼리
손 맞잡고

씨알이 작다고 해도
고요로울 수 있는
나는
참으로 가득찰 수 있어라

작은 손놀림이
너무 아름다워서…

# 6. 사그라지는 그날까지는

아! 아침해
불타는 새벽하늘 붉게 붉게
푸르디 푸르르게 솟아난 산맥

해이고자 빛으로
빛나는
붉게 물드는 하늘이고자
불타내는
푸르디 푸르르게 솟아나는
산맥이고자 나는

에서, 일어선다
물러섬 없어라
해로 붉게
산맥으로 푸르르게

아! 지는 해마냥
사그라지는 그날까지는
힘차게 뜨거워지고자

한다…나는…

# 7. 가을에서 겨울로
### – 잎·가지·산과 하늘

가을 되어 찬 바람
골짜기에 깊어지면
붉게 붉게 물드는
저 붉은 잎들이 먼저
앞다투어 제 몸을 날리더니

앙상한 가지 하늘에 온몸 내맡길 때
그즈음해서
사람들은 착하게도
제 몸 앙상함을 배운다 한다
앞다투며 살아가다가도

눈이 내리고 온누리에
산들이란 모든 산들이
세 모서리 깊게 넓어지면서
비인 산이 비인 하늘과 덩그런히

만나서 한몸을 이루나니

보란 듯이 보란 듯이

# 덧말

몸은 우주입니다. 한울입니다. 몸은 하늘과 따앙·사람의 몸으로서 하나이며, 한번이며, 처음이고, 마지막(一始無始一, 一終無終一)입니다.

하늘의 것은 하늘로,

따앙의 것은 땅으로,

사람의 것은 사람에게로

되돌려져야 합니다.

하늘·따앙·사람이 하나가 되어, 서로 함께, 한몸을 이루게 됩니다. 그 한몸이 바로 우주(울+줄)=한울입니다.

하늘은 한울님입니다. 우주입니다.

따앙은 한울님입니다. 우주입니다.

사람은 한울빛입니다. 우주입니다.

한울님이신 몸이야말로 개미·벌레·짐승·벌·나비·풀 나무이고 산·바다·땅이고, 사람 하나 하나의 몸이야말로 한울님입니다.

하늘은 결코 팔고 사고 거래하지 못합니다.

따앙은 결코 팔고 사고 거래하지 못합니다.

사람은 결코 팔고 사고 거래하지 못합니다.

팔고 사고 거래하는 모든 행위=짓거리는 하늘·따앙·사람을 거역하는 일입니다.

거래하는 모든 이념이나 사상·철학·정치·경제·사회·문화·문명·과학·문학과 예술, 종교·농사, 교육은 하늘·따앙·사람을 거역하는 짓거리 입니다.

몸은 몸대로 지켜져야 합니다.

몸은 한울=우주이기 때문입니다.

하늘을 팔고 사고 한 지는 오래 되었습니다.

따앙을 팔고 사고 한 지는 오래 되었습니다.

사람을 팔고 사고 한 지는 오래 되었습니다.

이렇게 거래=팔고 사고 장사하는 짓거리에서 벗어나는 길 (Exodus)이 바로 자연수행의 길입니다. 팔고 사고 하는 짓거리=거래가 없는 살림살이야말로 자연수행의 길입니다.

하늘을 고루고루 쓰듯이 서로, 따앙도 고루고루 써야 합니다. 산도 그러하고 바다도 그러해야 합니다. 사람도 그러해야 합니다. 고루고루 고른 삶을 빌어야 합니다. 텅 빈 넉넉함으로 온누리에서 우리 모두는 웃음꽃으로 피어나야 합니다. 산과 들, 골짜기…, 하늘과 땅, 벌레와 짐승, 풀과 나무, 가람과 바다, 물과 빛, 해와 달, 한울에서 함께 살아가는 모든 별들은 모든 사람들에게 제물(자연)살림살이를 아주 구체적으로 세밀하게=아주 자세하게 가르쳐 주고 있습니다. 서로 함께 쓰는(사용) 길을 가르쳐주고 있습니다. 서로는 서로에게 먹이=밥이 되어도 좋은 삶의 방식을 가르쳐주고 있습니다.

산다는 것은 참인 내가 참나를 산다 합니다. 산다는 것으로 참으로 살아 있다는 것은, 무엇이 되는 것이 아닙니다. 그것은 바로 내가 나를 가장 값어치 있고 가장 아름답게. 그러한 꽃으로 피어나고 열매 맺게 하는 삶입니다.

날마다 날마다
이제 여기에서

종교란 어떤 이념이 있기에 앞서서 내가 나를 바로 여기에서 가장 아름답고 보람되게 살아 있음입니다. 산다─참으로 살아간다는 것은 내가 바로 참이 되는 일입니다. 하늘이 내려주신 아들·딸로서 선이로서 하늘이 됨이고, 따앙이 됨이고, 사람다운 사람=선이가 되는 일입니다.

# 텅 빈 넉넉함으로

등 록  1994.7.1 제1-1071
1쇄 발행  2012년 10월 20일


지은이  김명식
펴낸이  박길수
편집인  소경희
편  집  김문선
관  리  위현정
디자인  이주향
펴낸곳  도서출판 모시는사람들
        110-775 서울시 종로구 경운동 88번지 수운회관 1207호
전  화  02-735-7173, 02-737-7173 /팩스 02-730-7173

출  력  ㈜상지사P&B(031-955-3636)
인  쇄  ㈜상지사P&B(031-955-3636)
배  본  문화유통북스(031-937-6100)
홈페이지 http://blog.daum.net/donghak21

값은 뒤표지에 있습니다.
ISBN 978-89-97472-20-8  03100

이 도서의 국립중앙도서관 출판시도서목록(CIP)은 e-CIP 홈페이지
(http://www.nl.go.kr/ecip)에서 이용하실 수 있습니다.
(CIP제어번호: 2012004451)